W0088243

Klaus Mücke Öko◉ysteme Verlag

Klaus Mücke

Wo aber Gefahr ist, wächst das Rettende auch

Psychoaktive Sinnsprüche für alle Lebenslagen

Ein systemisches Geschenkbuch

Erste Auflage

Klaus Mücke ÖkoSysteme Verlag Potsdam 2002

Über alle Rechte der deutschen Ausgabe verfügt:
Klaus Mücke ÖkoSysteme Verlag und Verlagsbuchhandlung Potsdam
Fotomechanische Wiedergabe nur mit Genehmigung des Verlages
Satz: Klaus Mücke
Umschlaggestaltung: Klaus Mücke
Gesamtherstellung: Oktoberdruck, Berlin

Erste Auflage, 2002 (1-8.000)

Die Deutsche Bibliothek - CIP-Einheitsaufnahme

Mücke, Klaus:
Wo aber Gefahr ist, wächst das Rettende auch : psychoaktive Sinnsprüche
für alle Lebenslagen ; ein systemisches Geschenkbuch / Klaus Mücke. –
Potsdam : Mücke, Ökosysteme-Verl., 2002
ISBN 3-9806094-3-X

Allen Menschen, die mir wichtig sind,
von denen ich gelernt habe,
die mich ein Stück in meinem Leben begleitet haben
und denen ich zu Dank verpflichtet bin.

Inhaltsverzeichnis

WARNENDE VORWORTE UND DANKSAGUNG 9

BEZIEHUNGEN 11

  ALLGEMEINES 11
  BEZOGENE INDIVIDUATION 22
  AUTOPOIESE 25
  SELBSTMANAGEMENT 27
  FRAUEN UND MÄNNER 36
  SEXUALITÄT 38
  LIEBESBEZIEHUNGEN 41
  ELTERN UND KINDER 53
  FAMILIE 60
  ABLÖSUNG 62
  TRENNUNGEN 65
  BEZIEHUNG ZU VERSTORBENEN 68
  ARBEITSBEZIEHUNGEN 69
  PROFESSIONELLE BEZIEHUNGSKONTEXTE 72
  KONFLIKTE UND KOOPERATION 79
  EMPATHIE 85
  PARADOXIEN UND KOANE 88

**WIRKLICHKEITSKONSTRUKTIONEN UND ER-
KENNTNISTHEORIE** 89

  GRUNDSÄTZLICHES 89
  SYSTEME 105
  KOMMUNIKATION 107
  ZEIT 117
  GEWISSEN 119
  ETHIK 128

PROBLEME UND IHRE LÖSUNGEN 133

LÖSUNGEN 133

DIAGNOSEN 146

SEXUELLE PROBLEME 147

SUCHT 148

DEPRESSION 153

SUIZID 156

GEWALT 161

ANGST, PANIK UND ZWANG 163

PSYCHO-SOMATIK 165

TRAUMA 172

BORDERLINE UND BULIMIE 173

WAHN-SINN 176

RÜCKFALL 185

HUMORVOLL BEDENKLICHES 186

DAS UNMÖGLICHE GEDICHT 191

INDEX 193

Warnende Vorworte und Danksagung

Ein und derselbe Aphorismus kann als todbringendes **Schwert**, als heilender **Balsam** oder als nutzloses **Werkzeug** gebraucht werden. Es kommt darauf an, in welchem Kontext und für welchen Zweck er verwendet wird.

Sowohl die Entwicklung der Humanität als auch die dunkelsten Kapitel der Menschheit haben auf eindringliche bzw. erschreckende Weise gezeigt, dass Sprache mindestens im gleichen Maße wie das Sein – die ökonomischen und gesellschaftlichen Verhältnisse – der Menschen eine realitätserzeugende Macht ist, der man sich nur schwer entziehen kann. Demnach bestimmt das Sein nicht nur das Bewusstsein, sondern das über Sprache vermittelte Bewusstsein auch das Sein. Materialismus schlägt in Idealismus um und Idealismus wird zur materiellen Kraft, die häufig ihre Ideale in ihr Gegenteil verkehrt.

Jede sich absolut setzende Erkenntnis kann niemals der Wahrheit entsprechen und birgt die Gefahr totalitärer Wirkung. Das gilt ebenfalls für alle der hier zusammengetragenen bzw. erstmals vorgestellten Sinnsprüche und Gedanken.

Allein in der Hand bzw. im Mund des Lesers/der Leserin liegt es, sie in einem hilfreichen und konstruktiven Sinne zu verwenden. Dabei sollten ethische Prinzipien wie HEINZ VON FOERSTERs pragmatisch-ethischer Imperativ „Handle stets so, dass deine Wahlmöglichkeiten größer werden" und KANTS kategorischer Imperativ „Handle so, dass die Maxime deines Willens jederzeit zugleich als Prinzip einer allgemeinen Gesetzgebung gelten könne" – bezogen auch auf übergeordnete gesellschaftliche und natürliche Kontexte – handlungsleitend wirken.

An dieser Stelle möchte ich die Gelegenheit nutzen, allen Menschen zu danken, die mich mit ihren Ideen und Gedanken inspiriert und zum Weiterdenken angespornt haben. Im Besonderen bin ich ARNOLD RETZER, BERT HELLINGER, GUNTHER SCHMIDT, HELM STIERLIN, STEVE DE SHAZER, GUNTHARD WEBER, CLOÉ MADANES, FRITZ SIMON UND FRANK FARRELLY zu Dank verpflichtet.

Der Name, der unter dem jeweiligen Sinnspruch steht, gibt an, von wem ich ihn zum ersten Mal gehört bzw. gelesen habe oder wem er im Allgemeinen zugeschrieben wurde. Er bezeichnet deswegen nicht immer den/die originäre/n Urheber/in.

Nicht unbedingt mag das, was ich gehört habe, das gewesen sein, was gesagt wurde. Deshalb kann ich mich meines Teiles der Verantwortung bei zitierten Reden nicht entziehen.

Aphorismen, bei denen mir der Ursprung nicht bekannt war, habe ich mit dem Zusatz „N.N." gekennzeichnet.

Bei Sinnsprüchen, die keinen Namenszusatz haben, und bei Überschriften der Aphorismen vor einem Doppelpunkt liegt die Verantwortung über Inhalt und Form allein bei mir. Den wesentlichen Beitrag allerdings zu den meisten meiner Gedanken haben die Teilnehmer/inne/n meiner Fortbildungsseminare und Supervisionen und die Kund/inn/en in den unterschiedlichen Beratungs- und Psychotherapiekontexten (Familienberatung, Paar- und Einzeltherapie) geleistet. Ihnen gilt mein besonderer Dank.

Sicherlich hätte man die thematische Gruppierung auch anders und noch systematischer gestalten können, doch so wie das Leben selbst sich nicht in eine vorgegebene Ordnung pressen lässt, wollte ich das kreative Chaos der oft blitzartig auftauchenden Gedanken nicht ersticken.

Annette Pälchen danke ich auch diesmal für ihre Geduld und die wertvollen Korrekturen am Text.

Allen Leser/inne/n wünsche ich bei der Lektüre viel Vergnügen, viele Gedanken zum Weiterdenken und Anregungen für die Gestaltung eines (sozial) erfüllten und glücklichen Lebens.

Potsdam, den 18.07.2002   Klaus Mücke

Beziehungen

Allgemeines

Erster Eindruck: You never get a second chance of a first impression. (Du bekommst keine zweite Chance für einen ersten Eindruck. – K.M.)

N.N.

Ausgleich in der Kommunikation: Gespräche lassen sich genauso wie Austauschgeschäfte behandeln. Auch bei ihnen geht es darum, wer was (Information, Zuhören, Verstehen etc.) für was (Information, Zuhören, Verstehen etc.) tauscht. Über die einzelnen Gesprächstransaktionen können dann Verhandlungen geführt werden, um einen für beide Seiten befriedigenden Ausgleich herzustellen.

Lustvolles Nichtverstehen: Häufig besteht das einzige Problem darin, dass man sich verstehen will. Als Lösung bleibt oft nur das lustvolle Genießen des gegenseitigen Nichtverstehens.

Gunther Schmidt

Gewöhnliches und Besonderes: Bei denen, die sich für gewöhnlich halten, fühlt man sich wohl. Jene, die sich für etwas Besonderes halten, sind gefährlich.

Bert Hellinger

Über die Kompetenz der Inkompetenz: Es ist nicht immer kompetent, kompetent zu wirken/sein.

11

Berührung und Körpergefühl: Körpergefühl entwickelt man dadurch, dass man als kleines Kind von anderen liebevoll berührt wird.

Beziehungen sind riskant: Mit Menschen in Kontakt zu treten, bedeutet immer ein Risiko.

Schuldlosigkeit: Hüte dich vor Menschen, die sich für schuldlos halten. Denn: Erst das Bewusstsein vermeintlicher Schuldlosigkeit ermöglicht die entsetzlichsten Taten.

Risikovermeidungsmaßnahmen in Beziehungen führen eher zum Verlust derselben: Wer hier Angst davor hat, sein Gesicht zu verlieren, der hat es schon längst verloren.

Arnold Retzer

Rückzug von Beziehungen: Sperrt sie/er sich ein oder sperrt sie/er die anderen aus?

Scham: Zu den unangenehmsten Gefühlen, die ein Mensch erleben kann, gehört die Scham. Ein Schamgefühl entwickeln Menschen dann, wenn sie etwas tun, was den Erwartungen der anderen widerspricht, obwohl sie diese Erwartungen erfüllen wollten. Der subjektiv erlebte Gesichtsverlust kann so extrem sein, dass man sich zum einen an anderen rächen und zum anderen sich selbst auslöschen möchte, um das Schamgefühl zu beseitigen. Scham ist aus diesem Grunde eines der gefährlichsten Gefühle überhaupt. Es kann zu Amokhandlungen verleiten.

Persönliches Wohlergehen wird häufig als sehr nachrangig erlebt: Im Zweiten Weltkrieg gab es in Japan viele Menschen, die sich freiwillig als Kamikaze-Flieger meldeten. Aus gesundheitlichen Gründen wurden jedoch bestimmte Freiwillige abgelehnt. Eine typische Reaktion hierauf war dann häufig, dass sie Harakiri begingen, weil sie es als Entwürdigung erlebten, nicht für das vermeintlich Höhere und Größere sterben zu dürfen.

Gunther Schmidt

Mitleid: Mitleid erniedrigt den anderen für das, was er trägt.

Bert Hellinger

Angemaßte Schuldgefühle: Da man keine Kontrolle hinsichtlich des Wohlergehens eines anderen hat, sollte man auch nicht die Verantwortung hierfür übernehmen. Wenn man das doch tut, erwachsen einem angemaßte Schuldgefühle.

Rechtfertigung einer Schuld: Niemals lässt sich ein Unrecht oder eine Schuld durch ein anderes Unrecht oder eine andere Schuld rechtfertigen.

Vertrauensbildende Maßnahmen führen nicht zu mehr Vertrauen, sondern zu mehr Misstrauen: In der Politik vergrößert eine Vertrauensfrage das Misstrauen, da das Vertrauen erzwungen und deshalb in Frage gestellt wird. In Beziehungen führt die Vertrauensfrage „Meinst du das auch ehrlich?" niemals zu mehr Vertrauenssicherheit.

Arnold Retzer & Hans Rudi Fischer

Hauptsätze der Verantwortung: Erstens: Die Summe der Verantwortung in einem sozialen System bleibt immer gleich. Zweitens: Die Verantwortung hat immer der Schnellste.

Fritz Simon & Gunthard Weber

Vertrauen: Vertrauen hat nichts mit dem Verhalten eines anderen Menschen zu tun, sondern stellt eine komplexitätsreduzierende Maßnahme dar, die unter Unsicherheitsbedingungen Ruhe herstellt. Ich tue so, als könnte ich den anderen vertrauen.

Arnold Retzer & Hans Rudi Fischer

Symptomatische Beziehungsgestaltung: Menschen können sich im Allgemeinen nicht gegen ihre symptomproduzierende Kreativität in Beziehungen wehren.

Liebe: Gelegenheit macht Liebe.

Nichtverstehen: Der normale Zustand ist eigentlich „Nichtverstehen". Verstehen muss aus diesem Grunde aktiv hergestellt werden.

Arnold Retzer & Hans Rudi Fischer

Kriminelle Wirklichkeitskonstruktion: Wer alle anderen für kriminell hält, verhält sich selbst unweigerlich über kurz oder lang kriminell.

Wahrnehmung kann nicht widerlegt werden: Da die Wahrnehmung selbst nicht wahr oder falsch sein kann, gibt es keine Möglichkeit, die Wahrnehmung eines anderen zu widerlegen.

Arnold Retzer & Hans Rudi Fischer

Zwang und Macht: Die Durchführung von Zwang bzw. negativen Konsequenzen ist eine Reduzierung von Macht.

Arnold Retzer & Hans Rudi Fischer

Gewaltopfer und Isomorphie: Nur dann wenn ein Mensch einem anderen Menschen etwas antut, gibt es die Tendenz beim Opfer, auch einem anderen etwas anzutun.

Cloé Madanes

Kompetent ohne Kompetenz: Manchmal ist es nicht so entscheidend, ob man eine Kompetenz hat, viel entscheidender kann es sein, ob andere glauben, man verfüge über sie.

Sühne als Pflicht und Recht: Wenn es zu einer wirklichen Versöhnung kommen soll, dann hat der Unschuldige nicht nur den Anspruch auf Wiedergutmachung und Sühne, er hat auch die Pflicht, sie zu fordern. Sonst wird er selbst am Schuldigen schuldig. Und der Schuldige hat nicht nur die Pflicht, die Folgen seiner Tat zu tragen, er hat auch das Recht darauf.

Bert Hellinger

Geschenke: Kleine Geschenke erhalten die Freundschaft, große zerstören sie.

Fragender Respekt: Eine Antwort muss man durch Achtung verdienen.

Bert Hellinger

Geben und Nehmen: Etwas zurückgeben, impliziert, dass du etwas bekommen hast. Zurückgeben kannst du nur etwas, wenn der andere es auch nimmt. Wenn du nichts bekommst, musst du nichts zurückgeben.

Arnold Retzer

Begehrenswert erscheinen: Willst du etwas gelten, mache dich selten.

Sprichwort

Opfer und Täter: Man ist selbst Täter, sich zum Opfer machen zu lassen.

Arnold Retzer

Neid ist der Vater aller Gerüchte: Was man anderen unterstellt, macht man in der Regel entweder selbst oder möchte man zumindest selbst machen, traut sich aber nicht.

Ehrlichkeit ist nicht immer eine Zier, sondern manchmal schlicht blöde: Wer immer ganz offen ist, ist nicht ganz dicht.

N.N.

Klagen ist wichtig: Complaining is a central part of intercourse and social life.

Steve de Shazer

Alle sind sich einig: Wenn etwas, was man tut oder zeigt, allen gefällt, sollte man misstrauisch werden und sich fragen, was man falsch gemacht hat.

Rache als sozial-konstruktive Kraft: Rache bzw. die Erzwingung einer Wiedergutmachungsleistung kann – wenn sie angemessen eingesetzt wird – zum einen den inneren Drang eines

Täters/einer Täterin, eine weitere Untat zu begehen, eindämmen und zum anderen dazu beitragen, Ausgleich in sozialen Beziehungen zu schaffen. In diesem Sinne dient die menschliche Fähigkeit, sich zu rächen, dem Erhalt von Beziehungen und wird so zu einer konstruktiven Kraft.

Rache und Rechtssystem: Jedes moderne Rechtssystem basiert auf dem menschlichen Bedürfnis nach Rache und hat sich aus dem System der Blutrache entwickelt.

Rekursivität in Beziehungen: Den anderen Unannehmlichkeiten zu machen, ist nur ein umständlicher Weg, sie sich selbst zu bereiten.

Charles Sorley

Kontakt: In der Beziehung zu einem anderen Menschen entsteht dann kein Kontakt, wenn sich nur eine Seite von einem zeigen darf: man beispielsweise entweder nur mit der fordernden oder der gewährenden Seite reagiert.

Abhängigkeiten beeinflussen die eigene Sichtweise: Wes Brot ich ess, des Lied ich sing.

Sprichwort

Nächstenliebe: Heißt es, liebe dich selbst wie deinen Nächsten oder liebe deinen Nächsten wie dich selbst?

Wiedergutmachung: Wenn es zu einer wirklichen Versöhnung kommen soll, dann hat der Unschuldige nicht nur den Anspruch auf Wiedergutmachung und Sühne, er hat auch die Pflicht, sie zu fordern. Sonst wird er selbst am Schuldigen schuldig. Und der Schuldige hat nicht nur die Pflicht, die Folgen seiner Tat zu tragen, er hat auch das Recht darauf.

Bert Hellinger

Fehler, Missverständnisse und Beziehungen: Nur wer Fehler und Missverständnisse riskiert, kann menschliche Beziehungen eingehen.

Beziehungsklärung: Erst wenn die Beziehung auf einer bestimmten Ebene geklärt ist (Wer ist oben, wer unten?), können spielende Tiere miteinander spielen. Hierarchie ist die klassische Form der Beziehungsdefinition. Im Verhältnis von der Lehrerin zum Schüler und von Eltern zu den eigenen Kindern gilt: Was dem einen möglich ist, ist dem anderen nicht möglich. Beispiels-weise kommt es zu einer massiven Irritation des/der Vorgesetzten, wenn Lob von unten und nicht von oben kommt.

Arnold Retzer & Hans Rudi Fischer

Verbote und Regeln als Freiheiten: Jedes Verbot und jede Regel kann als Erlaubnis und Spielraum wahrgenommen werden, wenn man die Freiheit hat, es bzw. sie zu befolgen oder zu unterlassen. Verändere einfach die einschränkende Regel von „Man muss immer ..." in die Regel „Ich kann manchmal ...".

Veränderung eines Menschen: Kein Mensch kann einen anderen Menschen verändern. Denn: Nur der-/diejenige, der/die sich verändert, verändert sich.

Misstrauen: Traue niemandem, der anderen misstraut.

Andere überzeugen: Man kann andere nur dann überzeugend überzeugen, wenn man selbst überzeugt ist.

Einseitige Kontrolle: Es gibt keine einseitige Kontrolle in Beziehungen.

Neid als (missglückte) Form sozialer Anerkennung: Wenn man mit neidischen Reaktionen konfrontiert ist, hilft es, sich zu behaupten, wenn man sich der Motive klar wird, die dahinter stecken. In der Regel besteht das Motiv für solche Reaktionen darin, dass man den anderen – neidisch – abwertet, weil man es nicht ertragen kann, dass der/die andere etwas hat oder kann, was man selbst nicht hat oder kann. Deshalb ist es günstig, sich in sol-chen Situationen folgenden Satz innerlich zu sagen: Neid ist die höchste Form sozialer Anerkennung.

Autorität ist abhängig von einem äußeren Beobachter: Man hat keine Autorität, sondern bekommt sie.

Schlimmer als Ignorieren: Den ignorieren wir noch nicht einmal.

Karl Valentin

Beziehungen und Persönlichkeit: Eine reiche Persönlichkeit kann nur der/die haben (oder besser: sein), der/die reiche soziale Beziehungen hat.

Das wechselseitige Erfinden des/der anderen: In der gemeinsamen Begegnung zweier oder mehrerer Menschen erfinden und konstruieren sich die Beteiligten wechselseitig und kontinuierlich. Den/die andere/n in seinem/ihrem So-Sein gibt es nicht, genauso wenig wie es einen selbst in seinem So-Sein gibt; beides sind ständig sich verändernde Beobachtungsleistungen.

Spätere und frühere Beziehungen: Eine spätere Beziehung baut auf der früheren auf.

Bert Hellinger

Wer einen Menschen tötet, der tötet alle Menschen. Und wer einen Menschen rettet, der rettet alle Menschen.

aus dem Koran

Bedürfnislosigkeit und Macht: Der/Diejenige, von dem andere etwas wollen, übt in einer Beziehung die Macht aus. Er/Sie kontrolliert die Beziehung.

Systemischer Ausgleich und Bindung: Wenn wir zum Beispiel jemand gleich viel Schlimmes antun als er uns, dann genügen wir dem Bedürfnis nach Ausgleich, und wir empfinden uns als gerecht. Doch mit der Bindung ist es in der Regel vorbei.

Um sowohl dem Ausgleich wie der Bindung zu genügen, müssen wir dem anderen etwas weniger des Schlimmen antun als er uns. Dann leidet zwar der Ausgleich, aber die Bindung und die Liebe gewinnt.

Umgekehrt, wenn wir einem anderen genauso viel Gutes tun als er uns, kommt es zwar zum Ausgleich, aber schwerlich zur Bindung. Denn damit der Ausgleich auch zur Bindung führt, müssen wir dem anderen etwas mehr des Guten tun als er uns. Und er, wenn er ausgleicht, muss uns etwas mehr des Guten tun als wir ihm. Dann führt das Geben und Nehmen sowohl zum Ausgleich als auch zum beständigen Austausch und zu Bindung und Liebe.

Bert Hellinger

Bedeutsamkeit: Nur wer für andere bedeutsam ist, kann für andere bedeutsam sein.

Umgang mit zu vielen Ansprüchen: Wenn es zu viele Ansprüche gibt, die sich alle zusammen nicht erfüllen lassen, bleibt nur, es zu genießen, dass man heute wieder mal nicht allen gerecht geworden ist. Und für das nächste Mal kann man das auch schon heute versprechen.

Gunther Schmidt

Guter Ausgleich: Wer Gleiches mit Gleichem begleicht, macht sich in gleicher Weise wie der/die Täter/in zum/zur Täter/in. Allein aus diesem Grunde sollte es sich eine Gesellschaft nicht antun, sich anzumaßen, über Leben und Tod zu entscheiden.

Viele Abhängigkeiten führen zu relativer Unabhängigkeit: Wer sich unabhängig und autonom fühlen will, der/die tut gut daran, von möglichst unterschiedlichen Beziehungsformen und sozialen Systemen abhängig zu sein.

Ich und die Anderen: Erst durch andere bekommt das Leben Bedeutung.

Vertrauen ist eine Komplexitätsreduktion.

Gunther Schmidt

Sich für das Leben interessieren: Wer sich nicht für andere Menschen interessiert, interessiert sich nicht für das Leben.

Freunde und Feinde: Auf meine Feinde kann ich rechnen/mich verlassen. Bei meinen Freunden bin ich mir nicht immer sicher.

Arnold Retzer & Hans Rudi Fischer

Geheimnisse: Geheimnisse stiften Identität.

Die eigene Welt ist eine Konstruktionsleistung: Jeder entscheidet selbst, in welcher Welt er leben will. In welcher Welt wollen Sie leben? Sie entscheiden mit Ihren Antworten, ob Sie in der angebotenen Welt leben wollen oder in einer anderen: Beispiel: „Du blöde Sau" ist eine Einladung, einem in die Welt des Grunzens zu folgen: Erster Impuls: „Oh, da will ich dabei sein." Aber: Sind Sie gezwungen? Natürlich nicht. Sie könnten auch zu sich sagen: „Gut, dass das jemand gesagt hat, weil mich das daran erinnert, besonders liebevoll mit mir umzugehen."

Gunther Schmidt

Zu spät kommen: „Herzlich willkommen", sagt der Gastgeber zu jemandem, der zu spät gekommen ist.

Gunther Schmidt

Der Reichtum und die Schönheit unserer sozialen Beziehungen spiegelt sich in unserem inneren Reichtum und unserer inneren Schönheit wider und umgekehrt.

Die Ausstrahlung die ein Mensch hat, bekommt er von anderen.

Ausgleichende Gerechtigkeit: Die Gesellschaft rächt sich an den allzu Erfolgreichen, indem sie sie zu Personen des öffentlichen Lebens macht.

Abweichen vom Schicksal anderer: Es ist sehr schwer, wenn jemand vom Schicksal der anderen abweicht. Das traut man sich nur, wenn die anderen dem freundlich gegenüberstehen.

Bert Hellinger

Geheimnis als Beziehungsgrenze: Ein Geheimnis, das miteinander geteilt wird, verbindet nicht nur, sondern zieht auch eine so undurchdringliche wie unsichtbare Grenze zwischen den Geheimnisträger/inne/n und denjenigen, die das Geheimnis nicht kennen.

Dem anderen die Schuld geben: Sie können sagen: „Weil du dich so verhalten hast, musste ich so reagieren." Ob das jedoch der Fall ist, lässt sich bezweifeln. In jedem Fall schafft eine solche Reaktion eine besondere Form von Innigkeit.

Gunther Schmidt

Bezogene Individuation

Definition: Der Begriff „bezogene Individuation" drückt ein allgemeines Prinzip aus, demzufolge ein höheres Niveau an Individuation (Autonomie, Abgrenzung gegen andere, Individualität – K.M.) auch ein jeweils höheres Niveau an Bezogenheit (Gemeinsamkeit, Solidarität, Interdependenz – K.M.) sowohl verlangt als auch ermöglicht.

Helm Stierlin

(Un-)Abhängigkeit:
- Unabhängigkeit ist ein bürgerliches Vorurteil.

George Bernard Shaw
- Je unabhängiger man sich von anderen machen will, um so abhängiger wird man von ihnen.
- Prinzipiell ist das Leben eines Menschen durch *existentielle Ambivalenz* zwischen Autonomie, Unabhängigkeit, Unschuld und Freiheit auf der einen Seite und Loyalität, Abhängigkeit, Schuld und Bindung auf der anderen bestimmt.

Identitäten sind immer das Resultat von Identifikationen: Der Mensch wird am Du zum Ich.

Martin Buber

Die Grundlage menschlichen Zusammenlebens ist eine zweifache und doch eine einzige – der Wunsch jedes Menschen, von den anderen als das bestätigt zu werden, was er ist, oder sogar als das, was er werden kann; und die angeborene Fähigkeit des Menschen, seine Mitmenschen in dieser Weise zu bestätigen.

Martin Buber

22

Selbstbewusstsein und Ausstrahlung: Unser Selbstbewusstsein, unsere persönliche Ausstrahlung, unsere psychische Kraft etc. sind von anderen geliehene Phänomene. Wir können jedoch als Erwachsene bewusst entscheiden, was von dem Vergangenen wirken soll bzw. von wem und was wir bekommen möchten.

Systemische Zugehörigkeit: Das Gewissen, die Glaubenssätze, ja die gesamte Identität eines Menschen ändert sich, wenn sich seine (aktuellen) Zugehörigkeitssysteme ändern. Der Ausschluss aus allen sozialen Zugehörigkeitssystemen führt zur Auslöschung des Gewissens, der persönlichen Identität und des Selbstbewusstseins. Allerdings lassen sich bestimmte Systeme nicht bzw. nicht folgenlos verlassen – wie sich beispielsweise die Zugehörigkeit zur Herkunftsfamilie oder die zu den eigenen Kindern nicht lösen lässt.

Das systemische Wesen des Menschen:
- Als Beweis, dass Menschen das existentielle Bedürfnis haben, sich zu sozialen Systemen zugehörig zu fühlen, kann die Erfahrung von Folteropfern angeführt werden, die berichten, dass sie ab dem Moment, an dem sie sich von der Außenwelt vollkommen abgeschnitten und isoliert erlebten, das Bedürfnis entwickelten von den Folterern anerkannt, berührt, gelobt oder getröstet zu werden.
- Angenommen, man würde einer Gruppe den Auftrag geben, alle Aussagen und Verhaltensweisen von jemandem zu entwerten bzw. negativ zu kommentieren, ohne dass die betreffende Person diesen Auftrag kennt, so würde das nach relativ kurzer Zeit zu existentieller Verunsicherung führen: Die eigene Wahrnehmung und das eigene Verhalten würde von ihr selbst massiv in Frage gestellt.

Sehnsucht und Bindung: Nicht nur das, was man von einem anderen Menschen bekommt, schafft Bindung, sondern ebenso und manchmal um so mehr das, was man sich ersehnt, aber nicht bekommen hat.

Die doppelte systemische Natur des Menschen: Jeder Mensch zeichnet sich durch eine doppelte systemische Natur aus: Auf der einen Seite ist er geprägt durch seine existentielle Bezogenheit auf andere, seinen unbedingten und existentiellen Drang, zu einer menschlichen Gemeinschaft dazuzugehören, wovon sowohl sein physisches als auch psychisches Überleben abhängt. Auf der anderen Seite kann er als autopoietisches – d.h. sich selbst produzierendes und organisierendes – System beschrieben werden, dessen innere Organisation nicht unmittelbar an seine Kontextbedingungen gekoppelt ist.

Das autopoietische Wesen des Menschen ist durch folgende Merkmale charakterisiert:

- **Autonome strukturelle Determiniertheit**: Das Verhalten (Handeln, Denken, Wirklichkeitswahrnehmung, Erleben etc.) eines Lebewesens ist durch seine interne Organisation determiniert und nicht durch seine Umgebung. Beispielsweise würde ein Kamel auf Spitzbergen nicht lange überleben können, während ein Eisbär dort die idealen Lebensbedingungen vorfindet. Umgekehrt würde es unserem Eisbären in der Sahara nicht besonders gut gehen. Umweltbedingungen dienen somit als Anregungen bzw. Perturbationen (Verstörungen) für eine bestimmte Reaktion des Organismus.
- **Operationale Geschlossenheit**: Die möglichen Verhaltensvariationen und -spannbreiten werden von der inneren autonomen Struktur der betreffenden Organismen vorgegeben. Nur aufgrund internaler Prozesse, die von bestimmten Umweltereignissen angeregt werden, werden andere internale Prozesse angeregt, die wiederum Perturbationen anderer Umweltsysteme zur Folge haben.

Autonomie und Loyalität: Menschen stehen prinzipiell immer in einer ambivalenten Position zwischen Autonomie und Loyalität. Das ist die zentrale Aporie der menschlichen Existenz.

Autopoiese

Definition 1: Autopoiese als Selbsterzeugung eines lebendigen Systems: Jeder Mensch ist ein einzigartiges Individuum, das sich selbst nach seinen eigenen immanenten Gesetzmäßigkeiten organisiert und produziert.

Humberto Maturana

Definition 2: Autopoiese als Selbsterzeugung der System-Umwelt-Grenze: Die eigentümlichste Charakteristik eines autopoietischen Systems ist, dass es sich sozusagen an seinen eigenen Schnürsenkeln emporzieht und sich mittels seiner eigenen Dynamik als unterschiedlich vom umliegenden Milieu konstituiert.

Humberto Maturana & Francisco Varela

Autopoiese und Wirklichkeitskonstruktion: Als autopoietisches, also autonomes, sich selbst organisierendes und produzierendes System verfügt jeder Mensch über die Möglichkeit, seine Wirklichkeit in Unabhängigkeit zu seiner unmittelbaren Umwelt zu konstruieren. Hierin liegt auch die menschliche Fähigkeit begründet, wahn-sinnig zu werden.

Autopoiese und Wahrnehmung: Wir nehmen die Wirklichkeit nicht so wahr, wie sie ist, sondern wie wir sie aufgrund unserer inneren psychischen Organisation/Struktur bzw. unseren Vorannahmen entsprechend wahrnehmen müssen.

Ästhetische Beobachtungsleistung: Die Schönheit liegt im Auge des Betrachters.

Gunther Schmidt

(Selbst-)Hypnose: Alles Erleben, jede Form des Alltags-Bewusst-sein ist Ergebnis eines selbsthypnotischen Prozesses.

Gunther Schmidt

Hypnose ist immer Selbsthypnose: Jede Hypnose funktioniert nur dann, wenn sie zu einer Selbsthypnose wird (selbsthypnoti-sche Aktion).

Autopoiese und Wirklichkeitserzeugung: Das Leben kann die Hölle sein, man muss sich nur genügend anstrengen.

Psyche und Umwelt: Die Umwelt determiniert niemals, was in der Psyche passiert.

Arnold Retzer

Druck machen: Die Aussagen „Ich mache den anderen Druck" bzw. „Der Klient macht mir Druck" sind unsinnig, weil man sich auf der physiologischen Ebene nur selbst Druck machen kann.

Gunther Schmidt

Autopoietische Reaktion des Organismus: Für die Reaktion auf Umweltreize ist allein unsere innere Organisation entscheidend: Nicht die Sonne bringt mich zum Schwitzen, sondern mein Orga-nismus reagiert mit Schwitzen.

Gunther Schmidt

Autopoiese, Veränderung und Konstanz: Für jedes Lebewesen gilt: Wer einigermaßen der/die Gleiche bleiben will, muss sich ständig verändern. Und: Man muss sich verändern, um gleich zu bleiben.

Ein bestimmtes Verhalten kann alle möglichen denkbaren und undenkbaren Verhaltensweisen eines anderen Menschen anregen: Da jedes Lebewesen als autonomes, sich selbst organi-sierendes und produzierendes System beschrieben werden kann, ist es unmöglich, Verhaltensweisen eines anderen Lebewesens mit Sicherheit vorherzusagen.

Selbstmanagement

Wenn man schon ein Symptom hat, sollte man es wenigstens nutzen: Wenn ein Symptom, unter dem man leidet, sich – aus welchen Gründen auch immer – nicht verändern lässt bzw. immer wiederkehrt, dann gilt es, es zu nutzen. Jedes Symptom kann als Signalgeber für etwas anderes genutzt werden. Wenn man beispielsweise Angst hat, so kann die Angst als Signalgeber dienen, um gut für die eigene Sicherheit zu sorgen, was – je nach Situation – real oder virtuell geschehen kann. Real kann man für die eigene Sicherheit sorgen, indem man sich schützt oder sich aus einer bedrohlichen Situation entfernt. Virtuell kann man für Sicherheit sorgen, indem man bewusst eine Sicherheit gebende Körperhaltung und Atmung einnimmt oder sich an eine Situation erinnert, in der man sich sehr sicher, geschützt und geborgen gefühlt hat.

Eine Übung im liebevollen Umgang mit sich selbst: Versuchen Sie hierzu einfach wahrzunehmen, welche Gedanken, Gefühle und Empfindungen in Ihnen auftauchen. Nehmen Sie nun die Haltung ein, dass alles, was auftaucht, sinnvoll ist und sie unterstützen will, auch wenn nicht von vornherein deutlich wird, dass das der Fall ist.

Manche Gedanken, Gefühle oder Empfindungen können so unangenehm sein, dass Sie denken könnten, sie seien Ihnen nur feindlich gesonnen. Um aber ihren positiven Sinn zu entschlüsseln, sollten Sie sich folgende Fragen stellen:

- Angenommen, diese Gedanken, Gefühle bzw. Empfindungen möchten Ihnen etwas mitteilen, was – glauben Sie – könnte das sein?
- Welche guten Absichten könnten sie haben?

- Auf welche positiven Ziele könnten sie hinweisen?

Gehen Sie davon aus, dass etwas, was in Ihnen steckt, Ihnen nicht einfach nur feindlich gesonnen sein kann, sondern dass es quasi eine Mission Ihres Unbewussten erfüllt – egal um was auch immer es sich handelt.

Nehmen wir an, Sie denken: „Ich bin ein/e Idiot/in, weil ich immer so feige und schüchtern bin." Dann wäre die Haltung: „Vielen Dank, Gedanke, dass du mich darauf hinweist, mehr aus mir herauszugehen." Vielleicht wird sich eine Seite von Ihnen angesprochen fühlen, die sagt: „Was du als feige und schüchtern empfindest, heißt nur, dass es mir wichtig ist, von anderen anerkannt zu werden. Und immer kann auch nicht der Fall sein: Schließlich gab es Situationen, in denen ich mich als mutig gezeigt habe."

Oder nehmen wir an, Sie haben ein Drücken im Magen, dann könnten Sie das Magendrücken befragen, was es Ihnen zu sagen hat. Die Haltung wäre: „Vielen Dank, Magendrücken, dass du mich darauf hinweist, sorgsamer mit dem, was ich zu mir nehme, umzugehen, oder: aufzupassen, dass ich nicht mehr so viel ‚hinunterschlucke', oder: mir mehr Ruhepausen gönne, oder: mich einer ärztlichen Untersuchung unterziehen sollte." Wenn Sie aber sagen: „Du verdammtes Magendrücken, verschwinde bloß", dann haben Sie keine Chance herauszufinden, um was es sich handelt und was sie beachten sollten. Das Magendrücken wird sich nicht beachtet oder sogar bedroht fühlen und noch deutlichere Signale und Schmerzen schicken, damit seine Absichten endlich beachtet werden.

Ähnlich könnten Sie vorgehen, wenn Sie von Zwangsbefürchtungen oder Ängsten geplagt sind. Auch hier könnten Sie Ihre Zwangsbefürchtungen oder Ängste nach ihren Absichten befragen. Vielleicht werden Sie Ihnen antworten, dass Sie sich mehr für sich einsetzen, sich besser abgrenzen und den eigenen Interessen mehr Raum geben sollten. Die Haltung wäre hier: „Vielen Dank, dass ihr gekommen seid, um mich darauf hinzuweisen, wie ich meine Lebensqualität verbessern kann."

Hilfreich wäre es auch, für diese Gedanken, Gefühle, Empfindungen Symbole und Namen zu finden, um leichter in einen Dialog mit den sie bedingenden unbewussten Prozessen treten zu können.

Allgemein gilt: Wer sein Symptom freundlich begrüßen kann, braucht häufig nicht mehr lange zu warten, bis es sich von selbst verabschiedet.

Natürlich bin ich mir bewusst, dass das keine leichte Übung ist. Ich weiß, das ist um vieles leichter gesagt als getan, doch nach einer gewissen Zeit der bewussten Anstrengung eine solche Haltung einzunehmen, bekommt sie den Charakter des Unwillkürlichen, die vielleicht nur dann und wann einer bewussten Auffrischung bedarf.

Druck – Freiheit: Druck kann nur dann entstehen, wenn zu wenig Raum zur Verfügung steht. Wer gut für den (sinnlich-konkreten) eigenen Entfaltungsraum sorgt, fühlt sich frei und entlastet: Angenommen, man hätte genau den Entfaltungsraum, den man bräuchte und der einem gut täte, wie sähe er aus? Welche schützenden Grenzen hätte er? Wie würde man sich in ihm bewegen? Welche Körperhaltung würde man einnehmen? Wie würde man sich fühlen?

Innere Konflikte: Was einem Energie nimmt, sind in der Regel die inneren Konflikte.

Gunther Schmidt

Eine gelingende Organisation innerer Ambivalenz – oder: Innere Tyrannei versus Demokratie: Bei jedem Menschen setzt eindeutiges Handeln mehrdeutiges Bewerten (Multivalenz) voraus, die sich meist auf Ambivalenz reduzieren lässt. So wie alles in der Welt seine zwei Seiten hat, haben Menschen – egal was immer sie auch tun – zwei Seelen (Seiten, Persönlichkeitsanteile, etc.) in ihrer Brust.

Versuchen wir uns nur auf eine Seite unserer Ambivalenz zu schlagen und die andere Seite zu übergehen, zu ignorieren oder zu unterdrücken, besteht die Gefahr, dass die so behandelte Seite in den unbewussten „Untergrund" geht und gegen ihre Missachtung oder Unterdrückung rebelliert. Diese Rebellion zeigt sich dann in einem psychischen oder physischen Symptom und schwächt das gesamte psychophysische System.

Wir können jedoch eine derartige psychische „Untergrundbewegung" verhindern, indem wir mit den eigenen psychischen Anteilen, die unterschiedliche Interessen vertreten, so umgehen wie mit Vertreter/inne/n verschiedener gesellschaftlicher Interessengruppen, Ethnien, Religionen oder Institutionen in einem demokratischen Staatswesen: Alle sollten sich so weit wie möglich artikulieren können und durch Kompromissbildungen zu ihrem Recht kommen. Ein demokratisches Binnenverhältnis mit einem Minderheitenschutz kann hierfür die beste Gewähr bieten.

Dagegen wird die gewaltsame Unterdrückung einer (ungeliebten und abgelehnten) Seite, oder gar mehrerer, zu tyrannischen For-men der psychischen Organisation führen. Wer so diktatorisch ge-gen sich selbst vorgeht, entwickelt eher einen Hang, nach dem Muster „so wie innen auch außen", tyrannische Formen des Staa-tes zu befürworten.

Würde: Je älter man wird, umso schuldiger wird man. Manche sagen dazu: Würde.

Würdigung des Erreichten: Es kann erst dann neue Einfälle und Ziele geben, wenn man das, was man erreicht hat, ausreichend würdigt.

Selbstbestimmung und Zielvorgaben: Auf Dauer macht einem etwas nur dann Spaß, wenn man selbst autonom bestimmen kann, was und wie man etwas tut und nicht, wenn man von außen dazu mit Belohnung motiviert wird.

Arnold Retzer & Hans Rudi Fischer

Das Gewicht des Lebens: Je älter ein Mensch wird, umso mehr Gewicht hat sein Leben. Deswegen riskieren junge Menschen in der Regel mehr, weil das Gewicht ihres Lebens noch nicht so schwer wiegt. 20 Jahre zu verlieren, wird aus der Innenperspektive weniger schlimm erlebt als 60 Jahre. Aus der Außenperspektive ist es genau umgekehrt, da wiegen die nicht gelebten Jahre schwerer.

Toll, nicht allen gerecht geworden zu sein: Wenn viele Menschen gleichzeitig etwas von einem wollen, so dass man nicht allen gerecht werden kann, ist das zumindest ein Zeichen dafür, dass man offenbar sehr begehrt ist. Vor diesem Hintergrund ist es berechtigt, innerlich zu sich und anderen zu sagen: „Klasse, bin ich wieder mal nicht allen und allem gerecht geworden, und für das nächste Mal verspreche ich das bereits heute."

Gunther Schmidt

Ein sinnvoller Umgang mit Ruhm und Auszeichnungen: Preise sind wie Hämorrhoiden, irgendwann kriegt sie jeder Arsch.

Billy Wilder

Spielen: Wir hören mit dem Spielen nicht auf, weil wir alt werden; wir werden alt, weil wir mit dem Spielen aufhören.

George Bernhard Shaw

Aus Fehlern lernen: Die Frage „Mache ich das Richtige?" lohnt nicht. Viel hilfreicher ist es dagegen zu fragen: „Was kann ich aus Fehlern lernen?"

Arnold Retzer

Wer keine Fehler wahrnimmt, bleibt blöde. Es kommt zu einem Entwicklungsdefizit, wenn jemand den Fehler macht, zu wenig Fehler zu machen.

Arnold Retzer

Chronifizierung als Lebensstil: In einem gewissen Sinn handelt es sich bei einem Lebensstil immer um eine Form von Chronifizierung.

Aus Fehlern wird man klug, drum ist einer nicht genug.

Ingrid Steeger

Fehler machen, ist, wie ein Lexikon schreiben.

Fehler sind Entwicklungsermöglicher: Fehler ermöglichen einem Menschen, sich zu entwickeln, Erfahrungen zu sammeln und mit der Widerständigkeit der Welt umzugehen.

Fehlerlosigkeit: Wäre der Mensch fehlerlos, wäre er nicht lebensfähig. Kein Kind kann laufen lernen, ohne hinzufallen.

Die Konstruktion des Ich: Das Ich hat nicht die Macht, sondern ist ein Ergebnis von vorbewussten Prozessen. Es gibt kein Ich, sondern es entsteht im Tanz zwischen den unterschiedlichen Seiten (Aspekten einer Persönlichkeit – K.M.). Die Art der Vernetzungen entscheidet über das Ich, das somit nichts Stabiles ist, sondern ein Prozess: Es erschafft sich selbst im Prozess des Erschaffens.

Gunther Schmidt

Selbsterfahrung und In-die-Innerlichkeit-Gehen sind nicht in jedem Fall hilfreich: Neulich bin ich in mich gegangen und nach zwei Minuten wieder schreiend rausgerannt.

Martin Buchholz

Jeder ist die bestmögliche Ausgabe seiner selbst.

Bert Hellinger

Selbstreflexion erfolgt nicht freiwillig: Niemand macht sich freiwillig über sich Gedanken.

Das Maß des Selbstbewusstseins richtet sich nach den realen und *imaginierten* sozialen Beziehungen, durch die man sich anerkannt fühlt.

Selbstanklagen: Selbst in einem Tribunal muss man nicht gegen sich selbst aussagen.

Gunther Schmidt

Mitgeteilte Erfolge bringen doppelte Freude.

Kampf oder Kooperation mit Unwillkürlichem: Das Unwillkürliche lässt sich nicht bezwingen, sondern man kann nur mit ihm kooperieren.

Gunther Schmidt

Eine andere Sicht bzw. Erzählung von sich: Es könnte sich ja lohnen, sich zu fragen, was habe ich heute schon wieder richtig gemacht?

Gunther Schmidt

Umgang mit sich: Wie begegnet man sich selbst am Morgen (damit beginnt die Fokussierungsprozedur im Alltag)? Kenn' ich nicht, wasch' ich nicht. Kenn' ich nicht, wasch' ich trotzdem. Oder: Schön, dass du da bist. Was kann ich denn heute für dich tun? Angenommen, man würde sich so behandeln, als wäre man in Ordnung, wie würde man dann mit sich umgehen?

Gunther Schmidt

Autopoiese und Selbstbeschreibung: Mit der Erzählung über uns erfinden wir uns im Moment der Erzählung neu.

Selbstbeschreibung als suggestiver Akt: So wie ich über mich rede, hypnotisiere ich mich.

Gunther Schmidt

Selbsterzeugung der Vergangenheit: Wir haben nicht eine Vergangenheit, sondern hunderte. Deshalb stellt sich die Frage: „Welche Vergangenheit wähle ich für ein bestimmtes Ziel?"

Gunther Schmidt

Narrative Selbstkonstruktion: Je nachdem, welche Geschichte ich von mir erzähle, werde ich ein anderer.

Gunther Schmidt

Die Vergangenheit der Zukunft ist die Gegenwart: Seine Biografie schreiben: Wenn man sich vorstellt, man wäre schon 80 oder 90 Jahre und würde seinem neugierigen Enkel oder einem anderen Menschen sein Leben erzählen, was möchte man dann über sein Leben berichten können? Wie sollte es wünschenswerterweise verlaufen sein? Was würde das Alter Ego aus der Zukunft einem heute raten, damit man die Zukunft, die man sich wünscht, eher realisieren kann?

Unterschiedliche Geschichten: Niemals kann man dieselbe Geschichte von sich selbst erzählen.

Körperhaltung und Bewusstsein: Jede Körperhaltung bewirkt ein anderes Bewusstsein (eine andere Bewusstseinshaltung – K.M.).

Gunther Schmidt

Verantwortlichkeit, wenn etwas schief läuft: Jeder ist sein eigener Esel.

Bert Hellinger

Eine negative Beziehung zu sich selbst führt zu negativen Beziehungen zu anderen – oder war es umgekehrt?: Niemals werde ich Mitglied in einem Club, der mich aufnehmen würde.

Groucho Marx

Bescheidenheit ist nicht immer hilfreich: Tue Gutes und rede davon.

Gunther Schmidt

So oder so: Wer etwas kann, muss noch lange nicht.

Gunther Schmidt

Liebevoller Umgang mit sich: Wäre es hilfreicher, sich etwas abverlangen zu müssen, oder zu sich zu sagen: „Ich will es mir erlauben"?

Gunther Schmidt

Sich zu zwingen, liebevoll mit sich umzugehen, kann nicht liebevoll sein: Weil ich nicht liebevoll mit mir umgehe, bin ich ein

Vollidiot, weswegen ich mir ständig selbst eine runterhauen könnte.

Gunther Schmidt

Ich und mein Organismus: Wenn der Organismus stärker als das Ich ist, dann wäre es besser, sich mit ihm zu verbünden als gegen ihn zu kämpfen.

Gunther Schmidt

Innerer Reichtum: Man ist reich, wenn es reicht.

N.N.

Sollen oder Wollen: Wenn etwas zum Sollen wird, obwohl es ein Wollen war, verliert man die Lust: Ich lass mir von niemandem etwas sagen, nicht einmal von mir selber.

Gunther Schmidt

Ich und Es: Wenn ihr euer Ich (Bewusst-Willkürliches – K.M.) wärt, was bräuchtet ihr dann, damit ihr mit dem Es (Unbewusst-Unwillkürliches – K.M.) eine gute Begegnung haben könntet?

Gunther Schmidt

Etwas allein können: Wenn man etwas allein machen kann, heißt das ja nicht, dass man es dann auch allein machen muss.

Gunther Schmidt

Unwillkürlicher Sog des Gutgehens: Wenn wir nicht aufpassen, dann ist die Gefahr groß, dass es uns saugut geht.

Gunther Schmidt

Frauen und Männer

Männer und Menschen: Das war nicht nur ein Mann, sondern auch ein Mensch. Dabei muss es sich wohl um eine genetische Mutation gehandelt haben. (Das darf nur ein Mann sagen – K.M.)

Gunther Schmidt

Zucker für die Frauenrolle: Eine Frau, die so gut sein will wie Männer, hat einfach keinen Ehrgeiz.

N.N.

Einfache Dinger: Frauen haben einfache Dinger: Männer.

N.N.

Ein kleiner Unterschied: Frauen neigen eher dazu, Erfolg als Ergebnis günstiger Bedingungen zu sehen und nicht als eigene Leistung. Männer attribuieren Erfolg eher auf sich.

Andrea Ebbecke-Nohlen

Frauen: Das einzige Geschlecht, das erwachsen wird.

Frauen sind einfach besser: Heute findet man häufig die Haltung: „Frauen sind bessere Menschen." Und Männer sind auch noch dieser Meinung.

Gunther Schmidt

Lieber langsam als nie: Männer kommen langsam, aber sie kommen.

Arnold Retzer

Männer sind wie Zähne. Wenn sie nicht da sind, erwartet man sie sehnlichst. Wenn sie kommen, tun sie weh. Verliert man sie, hinterlassen sie Lücken.

N.N.

Männer und Frauen verstehen sich grundsätzlich nicht. Wenn dem so ist, braucht man sich darum auch nicht zu bemühen.

Gunther Schmidt

Männer sind glücklicherweise keine Frauen: Wären Männer so wie Frauen, wäre die Menschheit schon längst ausgestorben. Bleibt die Frage, ob der Umkehrschluss ebenfalls gilt.

Der Ehrgeiz der Männer: Warum erklettern Männer Berge, durchkämpfen Urwälder und erobern Kontinente? Um ihren Ruhm zu mehren, ihre Ehre zu vergrößern und dann das Parfüm einer Frau zu riechen.

Frank Farrelly

Unterschiedliche Enttäuschungen: Männer erwarten von Frauen, dass sie so bleiben, wie sie sind. Und sie bleiben es nicht. Frauen erwarten von Männern, dass sie sich verändern, und sie tun es nicht.

Eleonore Höfner

Die obere und untere Grenze der Frequenz des Geschlechtsverkehrs: Frauen setzen die obere Grenze der Frequenz des Geschlechtsverkehrs, Männer die untere Grenze, ab der sie entscheiden, eine andere zu suchen.

Frank Farrelly

Dialektik der Geschlechter, Wechselseitigkeit oder Das Tun des Einen ist das Tun des Anderen: Männer sind so, weil Frauen so sind. Und Frauen sind so, weil Männer so sind.

Sexualität

Sexualität als natürliche Verrichtung: Sexualität gehört wie Essen und Wasserlassen zu den normalen Verrichtungen menschlichen Daseins. Deswegen stellt sich die Frage: „Wie schafft man es, nicht mehr Wasser lassen zu können, d.h. keinen Sex zu haben?"

Arnold Retzer

Sex bindet und ent-bindet, stiftet *und* löst Beziehungen: Sex wird häufig deshalb als schuldhaft erlebt, weil hierdurch starke neue Loyalitäten und Bindungen entstehen, die frühere Loyalitäten und Bindungen bedrohen. Sex führt beispielsweise zum Verlassen des Elternhauses und dazu, frühere sexuelle Beziehungen wegen neuerer sexueller Bindungen aufzugeben. Sex zerstört Zugehörigkeitssysteme in gleichem Maße, wie es neue schafft.

Sex ist so stark wie das Leben selbst.

Wertloser Sex: Sex, der etwas kostet, ist nichts wert, weil er emotional nichts riskiert – abgesehen von einer ansteckenden Krankheit.

Sex und Gewissen: Sex ist häufig stärker als das Gewissen. Es kann wie sonst keine Kraft das Gewissen besiegen.

„Soll ich mit dir schlafen?" Wenn Du es tust, bist Du ein Schwein, wenn nicht – auch. Denn diese Frage impliziert, dass der bzw. die Fragende jede Verantwortung für das gemeinsame Tun ablehnt.

Die Sexualität in der Beziehung stirbt, wenn man immer das Gleiche am anderen erkennt, es nichts Fremdes mehr gibt.

Arnold Retzer & Hans Rudi Fischer

Muss Sex immer Spaß machen? Manchmal vergessen Partner/innen wie es ist, Sex miteinander zu haben. Es empfiehlt sich deswegen, es einfach mal wieder zu versuchen, auch wenn es nicht gleich Spaß macht. Häufig kommt der Appetit beim Essen.

Sexualität als unwillkürlich ablaufende Lebensentäußerung: Normalerweise passiert Sexualität einfach. Deswegen stellt sich die Frage, wie man es in einer Liebesbeziehung schafft, über einen längeren Zeitraum nicht miteinander zu schlafen.

Arnold Retzer

Askese: Askese um der Askese willen ist lebensfeindlich.

Sexualität und die Freiheit der Kinder: Wenn die Ehepartner mehr Sexualität miteinander leben, sind die Kinder freier.

Gunthard Weber

Sexuelle Probleme: Alle Probleme, die im Bett auftreten, können manchmal einfach dadurch gelöst werden, dass die Position im Bett oder des Bettes selbst verändert wird.

Steve de Shazer

Sexuelle Phantasien: Beim Sex ist phantasiemäßig alles erlaubt. Was sonst macht Spaß am Sex?

Arnold Retzer

Sexualität und Perversion: Die Frage „Bin ich normal?" führt im sexuellen Bereich zu den größten Problemen.

Arnold Retzer

Ehrgeiz und Sex: Die ehrgeizigsten Menschen verfügen in der Regel auch über die größte sexuelle Energie.

Sexualität und innere Verurteilung: Es gibt überhaupt keinen guten Sex ohne einen inneren Richter, der damit nicht ganz einverstanden ist.

Arnold Retzer

Sexualität als Bedrohung: Sexuelle Themen sollten nicht in einer Kampfsituation eingeführt werden, weil sie als Bedrohung erlebt werden könnten. Es wäre wie Sex unter Geschosshagelbedingungen – da wird auch penetriert, nur nicht sexuell.

Gunther Schmidt

Sexualität als Gradmesser: Wenn Sexualität zu einem Gradmesser für eine gelungene Beziehung gemacht wird, ist das dann oft erst das Problem.

Arnold Retzer

Freie Liebe einzufordern, missbraucht sie.

Sexuelle Probleme – Beziehungsklärung: Penis sagt: „Wenn du die Beziehung nicht klärst, lasse ich dich hängen, indem ich mich hängen lasse."

Gunther Schmidt

Sexuelle Probleme – Vorstellungsbilder: Wenn ein Elefant mit einer Maus ins Bett geht, wird es schwierig.

Gunther Schmidt

Liebesbeziehungen

Über Beziehung zu sprechen, verhindert eine lebendige Beziehung oder: Metakommunikation ist nicht immer hilfreich: Eine der schnellsten und effektivsten Möglichkeiten, eine Beziehung nachhaltig zu zerstören, besteht darin, ständig über die Beziehung zu sprechen.

Arnold Retzer

Rangfolge: Eine erste Beziehung muss als erste anerkannt werden.

Bert Hellinger

In einer Beziehung bleiben: Wer auch gehen kann, bleibt eher.

Erwartungshaltung und Beziehungen: Einerseits gilt: Wer im Moment des Gebens mit der Absicht bzw. der Erwartungshaltung gibt, etwas zu bekommen, der gibt nicht, sondern will haben. Langfristig ist es andererseits jedoch nicht möglich, in Beziehungen keine Erwartungen aneinander zu haben, denn: Keine langfristigen Erwartungen aneinander zu haben, heißt, keine Beziehung mehr zu haben.

Vergebliche Liebesmüh: Wer vergeblich nach einer Liebesbeziehung sucht, der/die frage sich, an wen er/sie noch gebunden ist.

Abtreibungen in/von Beziehungen: Bei Abtreibungen sollte man sich fragen, ob damit die Beziehung mitabgetrieben wird.

Wer verlässt am ehesten die Beziehung? Der/die Abhängigere.

Verschleierte Selbstmorddrohung: Der Liebesschwur „Ohne dich kann ich nicht leben" ist nichts anderes als eine verschleierte Selbstmorddrohung.

Paarbeziehungen und Dritte: Der Mensch fängt erst bei der Triade an: Paarbeziehungen werden interessant, wenn Dritte dazukommen (Schwiegermutter, Liebhaber etc.).

Arnold Retzer

Macht und Armut in Beziehungen: In Beziehungen wird der Bedürftige zum Schwächeren, obwohl er der an Bedürfnissen Reichere ist. Will man dagegen in Beziehungen die Macht haben, muss man bedürfnismäßig verarmen. Alles hat seinen Preis.

Absichtloses Geben: Wer in einer Liebesbeziehung im Moment des Gebens *absichtslos* gibt, dem wird gegeben.

(Romantische) Liebesbeziehungen grenzen aus und schließen sich ein. Damit stellen sie nach außen ein asoziales System dar.

Suche nach der Mutter: Das Geheimnis, wenn sich jemand verliebt: Sowohl der Mann als auch die Frau denkt: „Endlich habe ich meine Mutter gefunden."

Bert Hellinger

Ausgleich in Partnerschaften: Das Bedürfnis nach Ausgleich ist für das Beziehungsglück notwendig.

Bert Hellinger

Leichtfertiges Verzeihen zerstört dann Beziehungen, wenn es den systemischen Ausgleich blockiert.

Seitensprünge paradox: Vielleicht hofft sie, dass er etwas mit der Sekretärin macht, und er macht es nur deswegen nicht, weil er ihr eins auswischen will.

Gunther Schmidt

Aktives und passives Gedankenlesen als Stolpersteine in Liebesbeziehungen: „Du bist gar nicht wütend auf mich, sondern auf deine Mutter." Der Tag beginnt dann in der Beziehung mit einer Deutung, also der aktiven Form des Gedankenlesens. Die passive Form des Gedankenlesens zeigt sich in folgendem Vorwurf: „Warum siehst du nicht, wie es mir geht? Wenn du mich wirklich lieben würdest, dann könntest du sehen, was ich möchte."

Arnold Retzer

Nicht zur Beziehung stehen: Wenn ein Paar mehrere Jahre zusammen ist und nicht heiratet, heißt das (*kann* das heißen – K.M.): „Ich warte auf etwas Besseres."

Bert Hellinger

Unterschiedliche Ziele: Es ist nicht notwendig, dass die Ziele der Einzelnen übereinstimmen, man muss sich nur einigen, dass die Beziehung ein Mittel zum Zweck ist, die verschiedenen Ziele zu erreichen.

Arnold Retzer

Außenperspektive: Die Außenperspektive in Bezug auf eine Beziehung kann zu zweit nicht eingenommen werden, man braucht einen Dritten.

Arnold Retzer

Geschwisterliche Beziehungsgestaltung: Wenn in einer Liebesbeziehung oder Partnerschaft eine geschwisterliche Beziehungsgestaltung dominiert, ist es eine hilfreiche Intervention, das Trennende und die Unterschiede stärker in den Fokus der Aufmerksamkeit zu rücken.

Was soll bleiben, wie es ist?: Wenn Sie unzufrieden über Ihre Beziehung sind, dann überlegen Sie sich, bevor Sie irgendetwas verändern, was unbedingt nicht verändert werden sollte.

Steve de Shazer

43

Bindung heißt nicht Vorrang: Die Bindung einer früheren Beziehung ist in der Regel immer stärker als die Bindung einer späteren. Dennoch hat die nachfolgende Beziehung Vorrang vor der vorhergehenden.

Bert Hellinger

Die Problemlösung verändert die Beziehung: Die Lösung eines Problems in einer Beziehung bedeutet, dass aus dieser Beziehung eine andere geworden ist.

Arnold Retzer

Liebesbeziehung und Sexualität: Ein Paar entscheidet sich dazu, authentisch keinen Sex zu haben. Es entscheidet sich dann auch authentisch, keine Liebesbeziehung zu haben.

Arnold Retzer

Schweigen ist manchmal Gold: In Paarbeziehungen sollte man es so halten wie mit Geld: Wenn man sie/es hat, sollte man nicht darüber reden.

Arnold Retzer

Eine/r wird nicht angemessen gewürdigt: Wenn jemand zum Beispiel durch die Verweigerung der Heirat in einer Partnerschaft nicht angemessen gewürdigt wird, dann wird der/die Betreffende böse auf den/die Partner/in. Und wenn er Angst hat vor ihm/ihr, dann kann das dazu führen, dass er es an seinen Kindern auslässt.

Bert Hellinger

Beziehungskonkurs durch Diskurs: In Beziehungen gilt: Der Diskurs über die konkreten Schuldhandlungen führt unweigerlich zum Konkurs.

Arnold Retzer & Hans Rudi Fischer

Eine Paarbeziehung taucht nur als Paar auf: Eine Paarbeziehung besteht immer aus mindestens zwei Paarbeziehungen: die des Mannes und die der Frau.

Arnold Retzer

Gegenseitigkeit in Beziehungen: Angenommen, es würde von der/dem Partner/in verlangt, der/die andere solle sein/ihr – angemessen betriebenes – leidenschaftliches Hobby (Musik machen, Kegeln, Fußball spielen, Schmetterlinge sammeln etc.) aufgeben und er/sie gibt es aus Liebe oder um Ärger zu vermeiden auf, bedeutet es höchste Gefahr für das Weiterbestehen der Beziehung.

Würde man andererseits von dem/der Partner/in verlangen, seine Forderungen bzw. Vorwürfe in dieser Hinsicht einzustellen und mit (Ein-)Verständnis zu reagieren und er/sie tut es, würde es in gleicher Weise die Beziehung gefährden. Die Lösung besteht darin, nicht zu erwarten, der/die Partner/in solle sein/ihr Verhalten ändern. Konkret heißt das: einerseits trotz des gegenteiligen Wunsches bzw. der Verzichtsforderung, sein/ihr leidenschaftliches Hobby zu pflegen und andererseits trotz des Nichtbefolgens der Forderung weiter zu fordern.

Ein Hobby als Seitensprung: Ein von einem/einer Partner/in leidenschaftlich doch angemessen betriebenes Hobby hat tendenziell etwas von einem Seitensprung, obwohl es hier nur dann zu einer Gefährdung der Beziehung käme, würde man diesen „Seitensprung" unterlassen bzw. auf Seiten des Partners/der Partnerin ihm zustimmen.

Nichterfüllte Forderungen halten die Beziehung aufrecht: Erfüllt man alle Forderungen des Partners/der Partnerin, führt das unweigerlich so oder so zum Ende der Beziehung. Entweder es gibt keine Beziehung, weil sich eine/r in der Beziehung aufgibt oder weil sich eine/r – mangels Widerstand – von dem/der anderen trennt.

Krisen in Liebesbeziehungen sind Anfragen, ob es noch eine Möglichkeit miteinander gibt.

Arnold Retzer

Paarbeziehung und Psychotherapie: Manche Paare leben in Frieden bis sie einen Therapeuten finden.

Bert Hellinger

Ein Paar ist kein Paar: Paarbeziehungen haben das Bestreben einen Dritten einzubeziehen. Die Dyade ist ein unnatürliches System. Damit eine Dyade entstehen kann, braucht man eine Triade.

Arnold Retzer

Liebe und Macht: Liebe hat keine Macht. Tiefe Liebe wird als ohnmächtig erlebt. Sie ist stark wie der Tod.

Bert Hellinger

Komplimente und Wertschätzung: Komplimente sind oft unehrlich, weil sie als Mittel zum Zweck eingesetzt werden. Sie gehen mit einer Erwartungshaltung einher und bedrohen in diesem Sinne die Autonomie des Komplimentierten. Wertschätzung dagegen ist das *im Moment* absichtslose Geben ohne den Wunsch zu hegen, etwas dafür zu bekommen.

Verletzungen und alte Wunden: Der Versuch, Verletzungen dadurch zu heilen, dass man über sie – vorwurfsvoll – spricht, führt nicht zu ihrer Heilung, sondern nur zum Aufkratzen alter Wunden. Wunden, die man in Ruhe lässt, heilen mit der Zeit von selbst. Wenn jemand dagegen *absichtslos* mitteilt, wenn er sich verletzt fühlt, entsteht Nähe.

Verliebtheit und Psychose: Das Stadium der Verliebtheit hat mit psychotischen Symptomen sehr viel gemeinsam. Sowohl in der Psychose als auch bei der Verliebtheit ist man versucht, die nicht überschreitbare Grenze zum Erleben eines anderen Menschen zu überschreiten.

Arnold Retzer

Liebe und Manipulation: Liebe lässt sich nicht einfordern. Wo gefordert wird, geht es nicht um Liebe, sondern um Macht. Liebe entzieht sich jeder Manipulation.

Bert Hellinger

„Gelungene" Veränderung des Partners: Sollte man in einer Beziehung glauben, es sei einem gelungen, den/die Partner/in wie gewünscht zu verändern, wird die Beziehung uninteressant. Es fehlt dann an einem Gegenüber.

Liebe und Fülle: Liebe macht krank, wenn sie sich nicht in ihrer Fülle zeigen darf.

Bert Hellinger

Menschen bleiben niemals dieselben: Wenn ein Mensch nur mit einem/einer Partner/in zusammen ist, ist das eher problematisch; denn: Jede/r hat viele Gesichter.

Gunther Schmidt

Liebe und Moral: Oft erstickt die Moral die Liebe.

Bert Hellinger

Liebesgeschichten beschreiben die Einzigartigkeit der Beziehung.

Arnold Retzer

Probleme in Liebesbeziehungen benötigen Zeit für ihre Lösung.

Nähe und Distanz: Erst die Distanz schafft die Möglichkeit der Nähe.

Gunther Schmidt

Ausgleich in Beziehungen: Nichts geht verloren, alles kommt zurück.

Unterschiede in Beziehungen: Die Unterschiedlichkeit ist nicht das Problem, sondern der Umgang mit der Unterschiedlichkeit in Beziehungen.

Gunther Schmidt

Paarbeziehung und Paartherapie sind nicht existentiell: Weder eine Paarbeziehung noch eine Paartherapie ist für ein Individuum überlebensnotwendig.

Arnold Retzer

Ausschließliche Gemeinsamkeit zerstört die Gemeinsamkeit: Wenn beide in einer Beziehung alles gemeinsam machen, wird die Beziehung über kurz oder lang ihres Sinnes beraubt.

Geheimnisse und Beziehungen: Wer seine Gemeinsamkeit betonen möchte, der tut daran, gemeinsame Geheimnisse zu haben. Automatisch ziehen sie eine Grenze um die Geheimnisträger, sorgen für eine engere Bindung und schützen die Beziehungen vor dem Zerfall.

Beziehungen und Macht: Es gibt keine Beziehungen, die machtfrei sind. Jede Beziehung hat einen Machtaspekt.

Arnold Retzer

In Beziehungen ist jede/r die Umwelt des/der anderen: Man kann eine Umweltverschmutzung für den anderen sein, aber auch Kompost.

Gunther Schmidt

Positive Beiträge zur Beziehungsgestaltung: Wollen Sie Ihre Beziehung positiv beeinflussen, dann verhalten Sie sich so, als ob ihr/e Partner/in sich bereits in der von Ihnen gewünschten oder ersehnten Weise verhält.

Mit dem Herzen sehen: Man sieht nur mit dem Herzen gut.

Antoine de Saint-Exupéry

Beziehungen und allergische Reaktionen: Eine Frau reagierte bei einem Allergietest allergisch auf ihren Mann.

Gunther Schmidt

Erklärungsbedürftigkeit einer Paarbeziehung: Eine Paarbeziehung ist eine nicht notwendige Beziehung. Deshalb ist eine Paarbeziehung immer erklärungsbedürftig.

Arnold Retzer

Das gemeinsame Dritte: Beziehungen benötigen zu ihrer Stabilisierung ein gemeinsames Drittes. Dieses gemeinsame Dritte kann ein Kind sein, aber auch ein gemeinsames Projekt oder gemeinsame Interessen und Hobbys, die zu gemeinsamen Zielen bzw. einer gemeinsamen Erlebnismöglichkeit führen.

Geben und Nehmen von Verletzungen und Zuwendung: Eine Partnerschaft hat dann eine gute Prognose, wenn bei Verletzungen weniger an Verletzungen zurückgegeben wird, als einem zugefügt wurde. Bei Zuwendungen gilt das Umgekehrte. Hier sollte man mehr zurückgeben, als man erhielt.

Bert Hellinger

Auswirkungen des Fremdgehens: Wer „fremdgegangen" ist, sollte seinem/seiner Partner/in davon erzählen, wenn er die Beziehung zu diesem/dieser Partner/in lösen möchte. Wer das nicht will, sollte darüber schweigen und die Schuld alleine tragen.

Trotz und Liebe: Trotz ist nur die andere Seite der Liebe. Aus diesem Grunde sollte man bei Trotz auf die Liebe schauen.

Bert Hellinger

Einseitige Bindung führt zu doppelter auf einer Seite: In ein und derselben Beziehung ist es beispielsweise möglich, dass ein Mensch zu einem anderen eine geringe oder gar keine Bindung hat, während der andere zu ihm eine extrem große Bindung erleben kann. Manchmal ist es sogar so, dass die Bindung zu einem anderen Menschen umso größer wird, je weniger der/die andere Interesse für einen hegt. Wenn man dann etwas von dem weniger Gebundenen (Interessierten) bekommt, steigt gleichzeitig die Hoffnung auf das, was man (noch) nicht bekommen hat, so dass eine doppelte Bindung entsteht.

Problematisches Verzeihen: Eine problematische Implikation des Verzeihens besteht darin, dass derjenige, der verzeiht, per definitionem gut und der andere, dem verziehen wird, böse ist. Es kommt so zu einer Festschreibung von Gut und Böse. Statt um Verzeihung zu bitten, ist es dagegen gemäßer zu sagen: „Es tut mir Leid."

Wenn einer einem anderen um Verzeihung bittet, wird der andere missbraucht wegen der Aufforderung, ihm die Schuld zu nehmen. Denn: Das, was verziehen wird, wird in den eigenen Rucksack gesperrt. Wenn jemand dagegen zum Ausdruck bringt, dass es ihm Leid tut, etwas getan zu haben, befindet man sich auf derselben Ebene und kann selbst handeln.

Bert Hellinger

Nicht realisierbarer Ausgleich: In jeder Beziehung gibt es ein Streben nach Ausgleich. Das hat beispielsweise zur Folge, dass der/die Partner/in die Beziehung verlässt, der/die ohne eine Gegenleistung von dem/der anderen ausgehalten wurde, z.B. weil der/die eine noch studierte und der/die andere schon arbeitete. Der-/diejenige, der/die ausgehalten wird, hat innerhalb der Beziehung nicht mehr die Möglichkeit einen adäquaten Ausgleich zu schaffen. So bleibt ihm/ihr oft nichts anderes, als die Beziehung zu verlassen.

Paarbeziehung und Selbstzweck: Eine Paarbeziehung ist kein Selbstzweck, sondern ein Mittel zu einem bestimmten Zweck/bestimmte Träume zu realisieren.

Arnold Retzer

Hoffnung: Einer der Partner hat den Wunsch, die Persönlichkeit und das Handeln des anderen zu ändern, weil er denkt, wenn der andere bloß so wäre, wie er sein könnte, dann wäre die Beziehung optimal. Oft hält denjenigen nichts außer dieser Hoffnung in der Beziehung. Verändert sich der andere wirklich in der gewünschten Weise, stirbt die Hoffnung und mit ihr häufig die Beziehung.

Eine logische Paradoxie in Beziehungen: Wer davon lebt, einen Feind zu bekämpfen, hat ein Interesse daran, dass er am Leben bleibt.

Friedrich Nietzsche

Schwache und Starke: Wer für den Schwachen kämpft, hat den Starken zum Feind.

Gottlieb Duttweiler

Rücksichtnahme und Bedrohung: Je mehr sich ein/e Frau/ein Mann ihre/seine Wünsche abschminkt, um so mehr erlebt sie/er die Wünsche des Mannes/der Frau als Bedrohung.

Gunther Schmidt

Symptome und Beziehungen: Das Wegfallen eines Symptoms führt häufig zu einem neuen Partner.

Arnold Retzer

Beziehungspause: Die Liebe wächst mit dem Quadrat der Entfernung. Was für ein Blödsinn.

Gefährdung einer jungen Liebe: Wer eine junge Liebe bereits im Keim ersticken möchte, muss nur in der Öffentlichkeit über sie erzählen.

Eifersucht:
- Der Hund, dem man die lange Leine gibt, kommt lieber zurück.

Bert Hellinger
- Eifersucht ist Ausdruck von Lebendigkeit.
- Eifersucht ist eine Konstruktion.
- Eifersucht ist eine Wertsteigerung für den/die andere/n.

Arnold Retzer
- Wann wird man eifersüchtig? Wenn die Abhängigkeit von dem Menschen, den man eifersüchtig beäugt, extrem groß ist. Z.B. wenn man wegen dieses Menschen in ein anderes Land gezogen ist und seine eigenen sozialen Kontakte aufgegeben hat.

Untreue und das Bedürfnis nach Absolution: Wer in einer Beziehung untreu geworden ist, bekommt Schuldgefühle dem/der Partner/in gegenüber, wenn noch eine emotional positive Bindung zu ihm/ihr besteht, weil er/sie mit seiner/ihrer Handlung die Beziehung aufs Spiel setzt.

Der leichte Weg besteht in dem Versuch, von der/dem Partner/in von Schuld frei gesprochen zu werden, eine Absolution für den Seitensprung zu bekommen. Wie aber sollte eine derartige Absolution gegeben werden? Und würde man sie erteilen, welche Kosten würden durch sie entstehen?

Der Wunsch, von Schuld freigesprochen zu werden, führt in der Regel nicht zur Bereinigung oder Klärung der Beziehung, sondern fast zwangsläufig zu irreversiblen Verletzungen, die oft so groß sind, dass sie zur Beendigung der Beziehung führen. Zudem wird von dem/der Verletzten etwas gefordert, was das angemessene Verhältnis von Geben und Nehmen verkehrt; denn schließlich hat der/die Untreue nicht zu fordern, sondern zu geben.

Der schwere Weg besteht darin, die Schuld alleine zu tragen.

Eltern und Kinder

Paarliebe kommt vor Elternliebe: Erst kommt die Liebe zwischen den Eltern, die Folge davon ist das Kind. Dann kommt die Liebe zu den Kindern.

Bert Hellinger

Behinderte Kinder können die Elternteile nach ihrer Geburt spalten, wenn es zwischen den Eltern einen Vorwurf gibt. Idee: Wir tragen es gemeinsam. Das Kind setzt sich vor die Eltern und lehnt sich mit seinem Rücken an sie.

Bert Hellinger

Beziehungshindernis: Wenn die Eltern den Partner des Kindes ablehnen, wird die Beziehung schwer.

Bert Hellinger

Dank für das *unverdiente* Geschenk des Lebens: Das mindeste und gleichzeitig höchste, was die Eltern einem geschenkt haben, ist das Leben selbst. Zumindest für ihre Zeugung können sich die Kinder immer bei ihren Eltern bedanken.

Konflikte ohne Sieger: Konflikte in Liebesbeziehungen können so organisiert sein (Patt-Konstellationen), dass sie nur gelöst werden können, wenn Dritte hinzu- bzw. hineingezogen werden. Notgedrungen wird dann auf diejenigen zurückgegriffen, die einerseits greifbar und andererseits nicht direkt in den Konflikt involviert sind: in der Regel – „natürlicherweise" – auf die eigenen Kinder.

Eltern, Kinder und ihre Beziehung: Die Beziehung der Eltern geht die Kinder nichts an. Und umgekehrt: Die Beziehung der erwachsenen Kinder geht die Eltern nichts an.

Anmaßendes Verzeihen: Wenn Kinder von ihren Eltern sehr schlecht behandelt wurden, dann kann es sein, dass sie ihre Eltern erst dadurch würdigen, dass sie ihnen für das, was sie ihnen angetan haben, nicht verzeihen. Kinder erleben es oft als Anmaßung, ihren Eltern zu verzeihen. Durch dieses Verzeihen stellen sie sich nämlich über ihre Eltern.

Vertrauen und Misstrauen: Wenn man den eigenen Kindern misstraut (vertraut), tun sie einem in der Regel den Gefallen, dieses Misstrauen (Vertrauen) zu bestätigen.

Mutter- und Vaterschaft: Wer Kinder hat, wird immer Vater oder Mutter dieser Kinder sein. Elternschaft lässt sich nicht kündigen.

Verhinderung der Todeswünsche gegen die Eltern: Diejenigen, die von Todeswünschen gegen ihre Eltern abgehalten werden, weil beispielsweise ein Elternteil früh verstorben ist, fühlen sich oft schuldig am Tod dieses Elternteils.

Ein unerwünschtes Kind sagt: „Ätsch."

Bert Hellinger

Jugend und Weisheit: Jugend schützt vor Weisheit nicht.

Gunther Schmidt

Elternliebe: Wenn der Vater im Kind die Mutter achtet und umgekehrt.

Bert Hellinger

Jugend und Psychose: Es ist günstig davon auszugehen, dass jeder Jugendliche psychotisch ist.

Arnold Retzer

Entscheidungsschwierigkeiten: Wenn sich jemand als Erwachsener nicht entscheiden kann, kann das daran liegen, dass er sich als Kind für den einen oder anderen der Eltern entscheiden sollte. Lösung: Zur Mutter sagen: „Ich entscheide mich für dich, Mama." Und dann zum Vater: „Ich entscheide mich für dich, Papa."

Bert Hellinger

Genüsse, die von den Eltern – auf welche Art und Weise auch immer – nicht vermittelt wurden, müssen später oft hart erarbeitet werden.

Das verständnisvolle Annehmen der Eltern führt zur besseren Annahme seiner selbst: Häufig kann es für das Annehmen der eigenen Person günstig sein, mehr Verständnis für das Verhalten der Eltern zu gewinnen, unter dem man litt. Eine gute Übung besteht darin, dass man sich seine Eltern vor sich stehend vorstellt, hinter denen wiederum deren Eltern stehen. Nun kann man sich fragen:
- Was haben die Eltern von ihren Eltern nicht bekommen, dass sie sich so verhalten haben?
- Was hätten sie gebraucht, um sich anders verhalten zu können?
- Angenommen, sie hätten das bekommen, was hätte man dann selbst von den eigenen Eltern (mehr) bekommen?
- Was könnte man sich nachträglich selbst geben?

Normale Todeswünsche: Jedes normale Kind wünscht seinen Eltern den Tod an den Hals. Nur unnormale Kinder denken das nicht.

Arnold Retzer

Inzest wird nur möglich, wenn er geheim gehalten wird.

Cloé Madanes

Die Kraft der Paarbindung gibt den Eltern die Kraft, für die Kinder zu sorgen.

Bert Hellinger

Missbrauch: Wenn das Kind sagt, es sei vom Vater sexuell missbraucht worden und der Vater sagt, es habe nie sexueller Missbrauch stattgefunden und alles abstreitet, dann bedeutet es, dass die Wahrheit niemand wissen kann. Aber diese Aussage des Kindes bedeutet in jedem Falle, dass die Beziehung zwischen dem Vater und dem Kind miserabel sein muss.

Cloé Madanes

Erlittener Missbrauch ist keine Entschuldigung für zugefügten Missbrauch: Wenn jemand selber zum Opfer geworden ist und er/sie missbraucht sein/ihr eigenes Kind, dann ist es wichtig zu sagen, dass die betreffende Person wissen müsste, wie es dem Opfer geht und es gerade vermeiden sollte, solche Schmerzen einem anderen zuzufügen.

Cloé Madanes

Schuldgefühle der missbrauchten Kinder: Oft fühlen sich Kinder schuldig, die sexuell vom Vater missbraucht wurden, wenn der missbrauchende Vater aus der Familie ausgestoßen wird bzw. ins Gefängnis kommt.

Missbrauch und Psychose: Wenn die Wahrnehmung eines Missbrauchsopfers angezweifelt wird, kann es später zu psychotischen Reaktionen kommen, weil es dadurch existentiell verunsichert wird und das Gefühl hat, seiner eigenen Wahrnehmung nicht trauen zu können.

Das Anerkennen der leiblichen Eltern: Pflege- und Adoptiveltern müssen die leiblichen Eltern anerkennen.

Bert Hellinger

Mit diesen schlechten Voraussetzungen wird nichts mehr aus mir: Auf einer Autobahn-Raststätte parkte ein Porsche, auf dessen Heckscheibe stand: „Hauptschule 71".

Wie ich mir, so ich dir: Nur wer sich gut bemuttern kann, kann auch eine gute Mutter sein.

Loyalität der Kinder: Kinder verhalten sich den eigenen Eltern gegenüber in der Regel so loyal, dass sie das gegen sie gehegte Misstrauen bzw. die von ihren Eltern über sie angestellten Vorannahmen bestätigen.

Unerfüllbarer Kinderwunsch: Wenn man die Realisierung eines Kinderwunsches davon abhängig macht, dass die Bedingungen hierfür günstig bzw. gegeben sein müssen, wird es nie zur Erfüllung dieses Wunsches kommen.

Aus manchen wäre nichts geworden, hätten sie eine glückliche Kindheit gehabt: Charlie Chaplins Mutter war Psychotikerin, der Vater ein Säufer und er wuchs im Waisenhaus auf; dennoch oder gerade deswegen hat er es zu etwas im Leben gebracht.

Arnold Retzer

Die Treue der Kinder: „Es gibt nur liebe Kinder." Einer: „Ich bin kein liebes Kind." Hellinger: „Wer noch?" Antwort: „Mein Vater."

Bert Hellinger

Lösungsförderliches Verhalten der Eltern: Wenn Kinder problematisches oder symptomatisches Verhalten (Enuresis, Hyperaktivität etc.) zeigen, können positive Veränderungsprozesse von den Eltern dadurch angeregt werden, dass sie absichtslos ihre Aufmerksamkeit auf Verhaltensweisen orientieren, die in die gewünschte Richtung weisen.

Gunther Schmidt

Ich bin scheiße und du bist schuld: Tochter zur Mutter: „Du bist schuld, dass ich mein Studium nicht schaffe." Eine angemessene Antwort wäre: „Ich wusste ja noch gar nicht, dass ich die Prüfungen für dich schreiben muss."

Eltern und Schwiegereltern: Für arme Eltern kann man nichts, aber für arme Schwiegereltern kann man schon etwas.

Arnold Retzer

Die Unmöglichkeit des Ausgleichs zwischen Eltern und Kindern: Was einem die eigenen Eltern gegeben haben, können die Kinder niemals wieder in gleicher Weise zurückgeben. Versuchen sie es dennoch, wirken sie anmaßend.

Auch unwillkürliche Anmaßung bestraft sich selbst: Wenn das Kind in eine Rolle kommt, die ihm nicht zusteht, bestraft sich das Kind später für diese Anmaßung, die es nicht bemerkt, weil es aus Liebe diese Rolle übernommen hat.

Bert Hellinger

Der Segen des Vaters, bei der Mutter zu bleiben: Wenn der Sohn den Segen des Vaters hat, bei der Mutter zu bleiben, kann er sich mehr als Mann fühlen.

Bert Hellinger

Ärger als Trauer: Wenn ein Elternteil früh stirbt, wird das Kind böse. Es ist seine Form zu trauern.

Bert Hellinger

Tot geborene Kinder: Ein tot geborenes Kind hat in der Familie einen Namen und einen Platz, es zählt zum Familiensystem mit.

Bert Hellinger

Fehlgeburten und abgetriebene Kinder gehören in das System der Eltern, nicht zum System der Geschwister.

Bert Hellinger

Fehlgeburten haben in der Regel keine Bedeutung für die Beziehung der Eltern, es sei denn, einem Beziehungspartner wird die Schuld an der Fehlgeburt gegeben.

Tochter vertritt eine frühere Partnerin des Vaters: Wenn eine Tochter die frühere Partnerin des Mannes vertritt, erlebt die Mutter sie als Rivalin und die Tochter den Vater als Partner. Sie kann dann die Mutter nicht haben und den Vater nicht als Kind.

Bert Hellinger

Stiefeltern und Rangfolge: Wenn ein Vater ein Kind hat und dann eine neue Beziehung eingeht, kommt die Elternliebe zuerst, dann die Paarliebe. Die neue Frau kommt an letzter Stelle, die im Kind den Vater des Kindes und dessen Mutter achtet. Sie darf nicht die Stelle der Mutter vertreten und hat weder Elternrechte noch -pflichten in Bezug auf das Kind.

Bert Hellinger

Schuldgefühle der Eltern und Wut der Kinder: Wenn Eltern ihren Kindern gegenüber Schuldgefühle haben, werden die Kinder oft wütend auf ihre Eltern. Das kann zu weiteren oder verstärkten Schuldgefühlen führen, so dass es zu einem eskalierenden Teufelskreis zwischen diesen elterlichen Schuldgefühlen und der Wut der Kinder kommen kann.

Eine Möglichkeit diesen Circulus vitiosus zu durchbrechen, besteht auf Seiten der Eltern darin, es den Kindern zu ermöglichen und einzufordern, sie zu respektieren und sich ihnen gegenüber dankbar zu zeigen.

Auf Seiten der Kinder können die Eltern dadurch von Schuldgefühlen entlastet werden, dass sich die Kinder für das, was sie von den Eltern bekommen haben, bei ihnen bedanken. Es empfiehlt sich, diesen Dank in indirekter Weise zum Ausdruck zu bringen – quasi im zufälligen Vorübergehen.

Familie

Die Veränderung eines Systemelements verändert das gesamte System: Wenn sich jemand in einer Familie anders verhält, dann müssen sich die anderen – ob sie nun wollen oder nicht – in Bezug auf ihn auch anders verhalten.

Geschwistertreue: Eine Frau war vier Jahre alt, als ihre Schwester im Alter von zwei Jahren an Lungenentzündung starb. In der Beratung wirkt sie von ihrem emotionalen Ausdruck noch immer wie eine Vierjährige, kognitiv aber ist sie eine hoch differenzierte und intelligente 36-jährige Frau. Hypothese: Der Tod der Schwester, mit der sie innig verbunden war, war so schmerzhaft, dass sich die ältere Schwester unbewusst dafür entschied, emotional immer bei der Schwester zu bleiben und so quasi den Tod ungeschehen zu machen. Zu einer Lösung kann es in einem solchen Fall dadurch kommen, dass diese Zusammenhänge in einer imaginären Gegenüberstellung wie folgt ausgesprochen werden: „Liebe Schwester, ich bleibe immer bei dir." Schließlich wäre die Frage zu stellen, was sich wohl die verstorbene Schwester für die „Zurückgebliebene" wünscht.

Familie und Gerechtigkeit: Familienleben hat mit Gerechtigkeit so viel zu tun wie ein Kaugummi mit Stabhochsprung.
Arnold Retzer

Eigene Wurzeln: Wer seine Wurzeln verleugnet, sich von ihnen abschneidet oder von ihnen abgeschnitten wird, verliert eine enorme Kraftquelle.

Kultur und Metakommunikation: Über Kultur in einer Familie oder einem Betrieb zu sprechen, heißt Metakommunikation anzuregen und damit diese Kultur zu verändern.

Arnold Retzer & Hans Rudi Fischer

Von den Problemverursachern zu den Lösungshelfern: Familienmitglieder (oder andere Personen – K.M.) mögen zwar leugnen, dass sie ein Problem verursachen, sie werden aber kaum einmal ablehnen, bei der Lösung des Problems mithelfen zu wollen.

Gerald Weeks & Luciano L'Abate

Behinderte Geschwister haben oft die gleiche Position in der Geschwisterfolge wie jüngere Geschwister.

Geschwister: Ältere Geschwister werden wütend, wenn jüngere von ihnen erwarten, für das, was sie im Leben geleistet haben, anerkannt zu werden. Sie erleben das als Anmaßung der Jüngeren. Eine Lösung könnte darin bestehen, diese Erwartung aufzugeben.

Ablösung

Definition: Ablösung bedeutet nichts anderes, als ein langfristig nicht sanierungsfähiges Bankrottunternehmen zu verlassen, um ein langfristig nicht sanierungsfähiges Bankrottunternehmen zu gründen.

Arnold Retzer

Erleichterung: Ablösung wird dadurch befördert, dass man mit anderen über die eigene Herkunftsfamilie tratscht.

Sexuelle Beziehungen: Das Eingehen sexueller Beziehungen führt deswegen zu einer Zäsur, weil hiermit zum ersten Mal im Leben eines Menschen stärkere Bindungskräfte als zu den Eltern hervorgerufen werden. Diese Zäsur ist gleichbedeutend mit der Grenze zwischen Kind und Erwachsenem.

Gelingende Ablösung: Die Ablösung gelingt, indem man die Bindung anerkennt.

Bert Hellinger

Ein Zeichen des Erwachsenseins: Obwohl die Mutter gesagt hat, ich soll es tun, tue ich es. Wenn jemand seine Eltern nicht mehr verändern will, weder nur das tut, noch alles ablehnt, was sie ihm sagen, lässt sich sagen, er habe sich von seinen Eltern gut abgelöst.

Autonomiebestrebungen: Es gibt so etwas wie natürliche Tötungsimpulse den eigenen Eltern gegenüber. Sie sind not-wendig, um sich von ihnen unabhängig zu machen. Man könnte hierzu auch harmloser Autonomiebestrebungen sagen.

Zeitpunkt: Es ist selten zu früh und nie zu spät, sich abzulösen.

Ablösung und Familie: Ablösung geht in der Regel nur mit der Familie nicht gegen sie.

Ablösung und Eltern: Frage: „Was soll ich tun? Meine Eltern mischen sich noch immer in alles ein." Antwort: „Deine Eltern dürfen sich einmischen, und du darfst tun, was du für richtig hältst."

Bert Hellinger

Pubertät: In der Pubertät kommt es zur Umgruppierung der Bedürfnisstruktur, weil nach Befriedigung strebende sexuelle Triebkräfte zu anderen Bedürfnissen hinzukommen. Diese Triebkräfte können aber nicht unmittelbar befriedigt werden, da hierfür zunächst ein/e passende/r Partner/in gefunden werden muss, so dass es entwicklungsbedingt zu einem erhöhten Maß an Frustration kommt, die wiederum das Aggressionspotential erhöht. Sowohl sexuelle als auch aggressive Kraft sind expansiv und sprengen die Familienbande.

Pubertät, Konflikte und Persönlichkeitsentwicklung: Je heftiger die Konflikte bzw. gravierender die Probleme in der Pubertät, umso stärker die Persönlichkeit des Erwachsenen.

Rücksicht der Kinder: Kinder tun nur so, als hätten sie Ablösungsprobleme, weil sie denken, sie könnten es den Eltern nicht antun, mit einem guten Gefühl zu gehen, sondern möchten sie bei der Ablösungsproblematik entlasten.

Arnold Retzer

Trotz als Zustimmung: In der Pubertät ist Trotz oder Protest häufig das gleiche wie Zustimmung. Dennoch sollte Protest als Protest und Trotz als Trotz behandelt werden.

Entwicklung: Manchmal kann man sich nur dann weiterentwickeln, wenn die anderen aufhören, einen zu fördern bzw. einem zu helfen.

Sich woanders gut entwickeln: Für Eltern, die sich für ihr Kind eingesetzt haben und das Beste für es wollten, grenzt die Tatsache, dass sich ihr Sohn bzw. ihre Tochter in einer psychosozialen Einrichtung gut entwickelt, fast an eine traumatische Erfahrung. Die Eltern vergessen nämlich häufig, dass sie den Grundstein für diese Entwicklung gelegt haben.

Wertschätzung der Bindung. Wenn man als Mitarbeiter/in einer psychosozialen Einrichtung den Angehörigen wegen ihres vermeintlich übertriebenen Engagements Vorwürfe macht, verstärkt man damit genau das Gegenteil von dem, was man erreichen möchte: Die aktualisierten Schuldgefühle der Eltern führen zu einer Steigerung des elterlichen Einsatzes als Mittel, Schuld abzubauen. Es kommt zu einer verstärkten Bindung, wodurch Ablösungsprozesse behindert werden. Dagegen befördert die Wertschätzung des Engagements und der Bindung den Ablösungsprozess.

Trennungen

Trennung und Schuld: Wenn man eine Beziehung, d.h. ein Zugehörigkeitssystem, verlässt, reagiert man unvermeidlich mit Schuldgefühlen.

Schwere Abschiede: Ein schwerer Abschied bereichert einen. Ein leichter Abschied lässt einen leer zurück.

Leichte Abschiede: Abschied ist leichter, wenn sich alle blöd finden. Wenn es einen sehr guten Kontakt gibt, dann geht es an die Substanz, wenn man sich trennen muss. Um einen schweren Abschied zu ermöglichen, sollte man sich folgende Frage stellen: Angenommen, man müsste miteinander noch drei Jahre zusammen sein, wie würde man sich dann verhalten?

Scheidung – gewusst wie: Scheidung kann unter bestimmten Umständen für die Kinder wie Tod oder Mord an einem Familienmitglied erlebt werden und zwar dann, wenn sich die Eltern nach der Scheidung hassen und die Kinder ihre Liebe zu dem jeweils anderen Elternteil nicht zeigen dürfen. Häufig sind dann die Kinder selbstmordgefährdet. Eine gute Scheidung wäre demnach, dass der jeweils andere Elternteil in den Kindern gewürdigt werden kann und vermittelt wird, dass dieser Elternteil der richtige für das Kind ist.

Scheidung: Selbst wenn sich die Partner scheiden lassen, können sie sich nicht vom Kind scheiden lassen. Es gibt nicht die Wahl, Eltern zu sein oder nicht.

Verlust: Im Erleben eines Verlustes vergegenwärtigt sich das Verlorene.

Beziehung und Psychotherapie: Über das eigene Beziehungssystem mit anderen zu reden, kann ebendiese Beziehung schwächen. Wenn jemand zum Beispiel infolge einer Beziehungsproblematik allein zu einem Psychotherapeuten/einer Psychotherapeutin geht, so kann dieses Setting im Extrem zur Trennung führen. Manchmal wird ein/e Psychotherapeut/in wegen einer Beziehungsproblematik deswegen allein aufgesucht, weil man sich trennen möchte.

Nur ein schwerer Abschied ist ein guter: Aus einer Beziehung kann man nicht einfach so leicht wieder heraus.

Bert Hellinger

Sich mit gutem Gewissen trennen: Eine langjährige Beziehung kann man erst dann mit gutem Gewissen verlassen, wenn man alles unternommen hat, um sie zu retten.

Enttäuschungswut und Liebe: Bei Paaren, die sich sehr geliebt haben, findet sich nach der Trennung in der Regel eine „Enttäuschungswut", die umso größer ist, je größer die Liebe vorher war.

Arnold Retzer

Emotionale Lösung: Erst wenn man sich emotional von einer vergangenen Beziehung gelöst hat, kann man sich auf eine neue einlassen.

Verlust der Liebesgeschichte: Bevor eine Paarbeziehung zu Ende geht, geht die Liebesgeschichte verloren.

Arnold Retzer

Trennungs- und Bindungsdauer: Oft dauern Trennungsprozesse genauso lange, wie die emotionale Bindung zu einem Partner bestand.

Leichtfertige Trennung: Wo es eine leichtfertige Trennung gibt, besteht bei den Kindern das Gefühl, sie müssten dafür sühnen, als sei es ein Verbrechen.

Bert Hellinger

Risiko und Trennung: In sozialen Beziehungen wird viel mehr riskiert, wenn klar ist, dass man sich trennen wird.

Trennung und Aggression: Jede Trennung hat etwas Aggressives.

Arnold Retzer

Für eine Trennung reicht einer: Um eine Beziehung zu führen, werden zwei Menschen benötigt, doch reicht einer, um sie zu beenden.

Arnold Retzer

Beziehung zu Verstorbenen

Verstorbene Familienmitglieder: Nicht der Tod entscheidet über die Zugehörigkeit zu einer Familie. Auch verstorbene Familienmitglieder gehören weiter zur Familie.

Die Verstorbenen ziehen lassen: Die Toten sind abwesend, aber anwesend durch ihre Wirkung. Die Familienseele umfasst die Lebenden und die Toten. Die Toten sind mächtig und milde. Nach einiger Zeit aber ziehen sich die Toten zurück, wenn sie gewürdigt werden. Dann muss man sie ziehen lassen. Wenn man sie dann zurückhält durch zu viel Erinnerung, ist es nicht gut.

Bert Hellinger

Bitte um das Wohlwollen der Verstorbenen: Lieber Vater (Mutter, Onkel, etc.), ich bleibe noch ein bisschen, dann komme ich auch. Bitte schau freundlich auf mich. (Vater ist früh verstorben, und es gibt häufig eine Sehnsucht, ihm aus Liebe in den Tod zu folgen.)

Bert Hellinger

Die Trauer hört nicht auf: Wenn der Überlebende nicht aufhören kann zu trauern, dann muss noch etwas getan werden, z.B. etwas genommen werden, was nicht genommen wurde.

Bert Hellinger

Arbeitsbeziehungen

Sich an der formalen Hierarchie festzuhalten, ist oft ein Zeichen von Inkompetenz: Ein Chef muss auch in die Beziehung one down gehen können: Zum Beispiel zu Mitarbeitern sagen können: „Herr Müller, Sie sind doch der Experte für den Bereich XYZ."

Arnold Retzer & Hans Rudi Fischer

Organisationskultur und Wahrnehmungssystem: Das Wahrnehmungssystem einer Organisation ist die Kultur dieser Organisation: Welche Verhaltensweisen werden wie beantwortet? Welche Rituale machen die Kultur aus? Was wäre das schlimmste Verhalten in dieser Organisation?

Arnold Retzer & Hans Rudi Fischer

Organisationskultur und Kommunikation 1: Es kann zur Kultur einer Organisation gehören, nicht über die Kultur zu sprechen.

Arnold Retzer & Hans Rudi Fischer

Organisationskultur und Kommunikation 2: Oft reicht allein das Sprechen über die Kultur einer Organisation, um eine Kultur zu verändern.

Arnold Retzer & Hans Rudi Fischer

Zusammenarbeit als Mittel zum Zweck oder als Selbstzweck: Wenn die Zusammenarbeit mit den Kollegen Mittel zum Zweck bleibt und nicht Selbstzweck wird, erspart man sich Ärger aber auch Lust.

Arnold Retzer

Nichts verändern: Never change a winning team.

N.N.

Teamarbeit. Keine Regel ohne Ausnahme: Jede Ausnahme ist nur dann eine Ausnahme, wenn sie als solche deklariert und bekannt ist. Unter dieser Bedingung stützt die Ausnahme die Regel. Andernfalls führt sie dazu, dass sie die Regel zerstört. Selbstverständlich kann die Zerstörung einer Regel durch ihre Ausnahme/n sowohl positive als auch negative Auswirkungen haben.

Teamarbeit und Regeln: Regeln sind in erster Linie für die Mitarbeiter/innen einer Einrichtung und erst in zweiter Linie für die Nutzer/innen dieser Einrichtung. Sie sorgen für den Zusammenhalt, die Sicherheit und Orientierung des Mitarbeiter/innenteams. Fast noch wichtiger als für altgediente Kolleg/inn/en sind Regeln für Mitarbeiter/innen (Praktikant/inn/en, Hospitant/inn/en etc.), die nur für eine bestimmte vorgegebene Zeit im Team mitarbeiten.

Soziale Kompetenz des Neulings: Wer in ein neues Team kommt, zeigt seine soziale Kompetenz dadurch, dass er sich zunächst mit persönlichen Einschätzungen und Einflussnahmen zurückhält, sondern wahrnimmt, welche geschriebenen und ungeschriebenen Regeln denn in dem Arbeitsteam vorherrschen. Damit wertschätzt er seine neuen Kolleg/inn/en.

Regeln und Teamzusammengehörigkeit: Werden die für alle verbindlichen Regeln ausgehöhlt, dann bedroht das den Zusammenhalt des Teams. Oder: Willst du eine Gemeinschaft zerstören, zerstöre ihre Regeln.

Klagen: In manchen Kontexten gilt: „Lerne klagen, ohne zu leiden."

Gunther Schmidt

Hierarchie und Pseudodemokratie: Eine Form der Pseudodemokratie in Teams besteht darin, dass so getan wird, als könnte man über alles verhandeln und verschweigt, dass es nicht verhandelbare Forderungen an die Mitarbeiter/innen gibt. Wenn die Mitarbeiter/innen davon ausgehen, dass nicht-verhandelbare Regel verhandelbar sind, stoßen sie sehr schnell an Grenzen, was zum einen negative Konsequenzen für sie selbst hat und zum anderen das Handeln der Führungskraft als Willkür erscheinen lässt: Die Pseudodemokratie wird dann als Diktatur erlebt.

Sehnsüchte können Berge versetzen: If you want to build a ship, don't drum up people together to collect wood and don't assign them tasks and work, but rather teach them to long for the endless immensity of the sea. (Wenn du ein Schiff bauen willst, so trommle nicht Leute zusammen, um Holz zu beschaffen, Aufgaben zu vergeben und die Arbeit zu verteilen, sondern lehre sie, sich nach den endlosen Weiten des Meeres zu sehnen. – Übers. K.M.)

Antoine de Saint-Exupéry

Konflikt im Team und Solidarisierung mit „Klient/inn/en": Wenn ein/e Mitarbeiter/in im Team von den Kolleg/inn/en abgelehnt wird, kann er/sie nur bestehen, wenn er/sie sich mit den Klient/inn/en solidarisiert, was jedoch die Konflikte mit den Kolleg/inn/en in einer Art Teufelskreis verschärfen wird.

Privates und Öffentliches: Es ist würdelos, wenn öffentliches Verhalten privat erklärt wird. In Unternehmen führt diese „menschelnde" Umgangsweise zur Aufrechterhaltung der Probleme.

Arnold Retzer

Offizielle und inoffizielle Hierarchie: Hierarchie ist – ob man will oder nicht – nicht zu vermeiden. Selbst wenn es keine offizielle Hierarchie gibt, existiert zumindest immer eine inoffizielle.

Professionelle Beziehungskontexte

Meister und Schüler: Werden aus den Schülern Meister, verlassen die Schüler den Meister. Schaffen sie es nicht, umgeben den Meister behinderte Trottel.

Arnold Retzer

Wie kann ein Meister es schaffen, Anregungen dafür zu geben, dass aus einem Schüler ein Meister wird? Schüler: „Gib mir eine Aufgabe für die Erleuchtung." Meister: „Sagst du, ich habe in meiner Hand einen Stock, schlage ich dich mit ihm. Sagst du, in meiner Hand ist kein Stock, schlage ich dich ebenfalls mit ihm." Lösung: Der Schüler nimmt den Stock und zerbricht ihn.

Aus dem Zen-Buddhismus

Sich selbst erfüllende Prophezeiungen und professionelle Beziehungsgestaltung: Wer denkt, er habe schwierige und schwer gestörte Klient/inn/en, der wird schwierige und schwer gestörte Klient/inn/en haben. Wer denkt, seine Klient/inn/en seien unkompliziert und kompetent, der wird unkomplizierte und kompetente Klient/inn/en haben.

(Be-)Handlungen: Wer nicht handelt, wird bald be-handelt.

Regeln der Hausordnung einer psychosozialen Institution: Wenn Regeln der Hausordnung als Regeln für die Bewohner/innen bzw. Nutzer/innen der Einrichtung angeboten werden, so appellieren sie an die Einsicht der Adressaten und führen eher zu Protest und der berechtigten Frage, warum gerade diese Regeln gut für einen sein sollten. Denn: Ob etwas einsichtig bzw. gut für einen Menschen ist, kann kein anderer Mensch für einen bestimmen, weil das die Anmaßung implizieren würde, den/die andere/n besser zu kennen als er/sie sich selbst. Unweigerlich kommt man so in Argumentationsschwierigkeiten. Viel sinnvoller und berechtigter dagegen ist es, wenn Regeln als Regeln für die Mitarbeiter/innen angeboten werden, die sie brauchen, um ihre Arbeit gut machen zu können. Damit bleibt die Autonomie der Bewohner/innen gewahrt, die nun entscheiden können, ob sie das Angebot und damit gleichzeitig die damit verknüpften Regeln annehmen wollen oder nicht.

Anregung und Druck: Es kann sein, dass andere es als Anregung erleben, wenn man Druck ausübt. Und es kann sein, dass andere es als Druck erleben, wenn man Anregungen gibt.

Qualitätsmanagement: Man erkauft sich mit Qualitätsmanagement Nicht-Qualität.

Arnold Retzer & Hans Rudi Fischer

Organisationsberatung – nur wenn der Laden läuft: Bei akuten Krisen oder Katastrophen in Firmen besteht die Bedingung für eine Organisationsberatung darin, dass der Laden wieder läuft.

Arnold Retzer

Widerstand in einer Psychotherapie: Wenn der Kunde/die Kundin Widerstand zeigt, dann hat der/die Psychotherapeut/in etwas falsch gemacht.

Bitte nicht helfen, es ist auch so schon schwer genug: Chronifizierung psychosozialer Probleme ist in der Mehrzahl der Fälle ein (ungewolltes) Produkt wohlmeinender Helfer/innen der von ihnen angestrengten Hilfemaßnahmen.

Ziel einer Organisationsberatung: Aus nicht-trivialen Bereichen sollen triviale werden und aus trivialen nicht-triviale.

Arnold Retzer & Hans Rudi Fischer

Systemische Psychotherapie ist oft homöopathisch oder: Similia similibus curantur: Gegen Halluzinationen helfen Halluzinationen: Wer unter Halluzinationen leidet, kann den Wahn bewusst als eigenständiges Wesen imaginieren (halluzinieren), mit dem man kommunizieren, dem man näher rücken bzw. von dem man sich distanzieren kann. Wer auf diese Weise seine Halluzinationen kontrollieren kann, wird nicht mehr von den Halluzinationen kontrolliert.

Gegen Dissoziation hilft Dissoziation: Wer sich – beispielweise aufgrund von Misshandlungen oder Missbrauchserfahrungen – von seinem Körper empfindungsmäßig entfernt (dissoziiert) hat, der kann mit ihm wieder in Kontakt treten, indem er ihn zunächst ebenfalls wie ein eigenständiges Wesen behandelt und jedes einzelne Körperteil befragt, wie es sich fühlt und was es sich wünscht. Durch diese Dissoziation entsteht nach einer Weile die Assoziation des eigenen Körpers.

Gegen Assoziation hilft Assoziation: Wer von unangenehmen oder traumatischen Gedanken und Erinnerungen (Assoziationen) verfolgt wird, dem hilft es wenig, wenn er sich gegen sie wehrt, weil sie bei Widerstand häufig nur noch aufdringlicher werden. Sinnvoller ist es in solchen Fällen, diese Assoziationen mit anderen positiven Assoziationen zu verknüpfen.

Eine schnelle Hilfe ist oft keine Hilfe: Bei den meisten akuten Problemen, die keine soziale Intervention/Kontrolle erfordern, ist eine schnelle Hilfe keine Hilfe.

Beratung sollte mit Bedeutung geladen sein/werden.

Hausordnung als dritter Weg: Zwischen Therapie und gesellschaftlich sanktionierter sozialer Kontrolle gibt es noch die Hausordnung.

Hilfe zur Selbsthilfe: Fang ich dir einen Fisch, wirst du einen Tag satt sein. Lehre ich dich das Fischen, wirst du immer satt sein.

Chinesisches Sprichwort

Soziale Kontrolle und psychotherapeutische Vorgehensweisen: Soziale Kontrollmaßnahmen haben Vorrang vor therapeutischen Interventionen und Verfahrensweisen, das heißt: Nur wenn man davon ausgehen kann, dass Verhaltensweisen unterlassen werden, die andernfalls soziale Kontrollmaßnahmen provozieren bzw. nach sich ziehen, lässt sich therapeutisch arbeiten. Wenn das nicht der Fall ist, muss ein therapeutisches Vorgehen zugunsten einer sozialen Kontrollmaßnahme aufgegeben werden.

Selbstmanagement des Beraters: Wenn es jemanden im Raum gibt, dem es besser geht als mir, dann habe ich etwas falsch gemacht.

Motto der Heidelberger Schule

Fürsorgliches Helfen: Hebe mich nicht auf, ehe ich gefallen bin.

Schottisches Sprichwort

Investitionen: Wenn sich eine Investition nicht zeitnah auszahlt, wird sie aufgegeben.

Arnold Retzer & Hans Rudi Fischer

Die Rache des Hilfeempfängers: Hüte dich vor dem, dem du die größte Gefälligkeit getan hast.

Bosnisches Sprichwort

Hoffnung: If the body is warm, bring him in.

Frank Farrelly

Mangelnde Compliance ist gesund: Non-compliant-Patienten hatten in Untersuchungen eine längere Überlebensrate als Patienten, die eine hohe Compliance zeigten.

Arnold Retzer

Helfen: Jede Hilfe verdient ihre gerechte Strafe.

Peter E. Schumacher

Jede Psychotherapie wirkt nur und ausschließlich als Eigentherapie: In diesem Sinne löst ein/e Psychotherapeut/in keine Probleme, heilt keine Krankheiten und behandelt auch keine Patient/inn/en, sondern gibt Anregungen zur Lösung von Problemen, fördert die Selbstheilungskräfte und handelt mit Kund/inn/en.

Manchmal ist die Psychotherapie bereits vor der Therapie erfolgreich beendet: Auf einer Warteliste erreichen 50% ihre Ziele vor Beginn der Therapie.

Steve de Shazer

Defizitäre Wahrnehmung: Wer nur Defizite wahrnimmt, hat eine defizitäre Wahrnehmung.

Die Lösungskompetenz liegt im System selbst: Psychotherapie ist eine Verfahrensweise zur Herstellung von Lösungen durch das System selbst.

Arnold Retzer

Einstellung und Compliance: Wer sich bereits aufgegeben hat, hat eine hohe Compliance, wer nicht, eine niedrige.

Arnold Retzer

Langsamer ist schneller: Wenn man Kurzzeittherapie ganz schnell und effektiv machen will, muss man ganz langsam vorgehen.

John Weakland

Krankheiten oder Probleme: Bei den erzählten psychischen Phänomenen, unter denen die Kund/inn/en leiden, handelt es sich nicht um Krankheiten, die zu heilen sind, da in Bezug auf den psychosozialen Kontext nur Probleme und ihre Lösungen existieren.

Selbstverantwortung: Man muss erwachsenen Menschen nicht helfen, selbstverantwortlich zu handeln. Sie sind es bereits.

Kontextauswirkungen: Das Amt verändert den Menschen schneller als der Mensch das Amt.

Joschka Fischer

Antworten liefern die richtigen Fragen: Letztlich sagen einem die Kund/inn/en mit ihren Antworten, welche Frage man ihnen stellen und wie man sie formulieren sollte.

Es gibt keine hoffnungslosen Fälle: Niemand kann über eine/n andere/n sagen, er/sie sei ein hoffnungsloser Fall.

Unterlassene Hilfeleistung: Viel häufiger, als man denkt, ist die Verweigerung einer Hilfeleistung hilfreicher als ihre Gewährung.

Verständnis und Kontext: Wenn man im psychosozialen Kontext eine Verhaltensweise nicht versteht, dann kann das heißen, dass man den Kontext noch nicht ausreichend erfasst hat.

Veränderungsneutralität und Handlungsfähigkeit: Wenn man nicht veränderungsneutral ist, besteht die Gefahr, dass man sich selbst ein Bein stellt, weil man unvorbereitet ist, wenn etwas Unerwartetes geantwortet wird bzw. wenn die Kund/inn/en unerwartet reagieren.

Helfen und Hassen: Warum hasst du mich so? Ich habe dir doch überhaupt nicht geholfen.

Chinesisches Sprichwort

(Lebens-)Hoffnung: Solange jemand lebt, gibt es noch Hoffnung.

Betreuung und Neutralität: In Betreuungssituationen kann häufig die Neutralität nicht so einfach gewahrt werden, weil man selbst nur unter bestimmten Bedingungen arbeiten kann. Es ist in diesem Falle nicht nur legitim, sondern auch not-wendig, diese Bedingungen von vornherein klarzumachen.

Betreuung und Sinnhaftigkeit: Wenn der/die Betreute keinen Auftrag gibt, hat die Betreuung (noch) keinen Sinn. Es bleibt dann nur, um einen Auftrag zu werben.

Sozialarbeiter und Rottweiler: Was ist der Unterschied zwischen einem Rottweiler und einem Sozialarbeiter? Der Rottweiler lässt, nachdem er zugebissen hat, irgendwann einmal wieder los.

N.N.

Ablehnung und Professionalität: Wenn man anfängt, schlecht über seine (potentiellen) Kund/inn/en zu denken, sollte man mit ihnen nicht (mehr) arbeiten.

Verantwortung und Burnout: Der Anspruch, Verantwortung für etwas zu übernehmen, das man nicht kontrollieren kann, ist ein sicheres Mittel, um einen Burnout zu bekommen.

Compliance und Gesundheit: Menschen, die eine geringere Compliance (Bereitschaft, den ärztlichen Anordnungen zu folgen) haben als der Durchschnitt, haben eine größere Gesundungsrate, kürzere Krankheitszeiten und eine längere Lebenserwartung als Menschen mit überdurchschnittlicher Compliance. Fazit: Menschen, die eine geringere Compliance zeigen, tun damit etwas für ihre Gesundheit.

Vergangenes vergangen sein lassen: Kaum ist Gras über eine Sache gewachsen, sofort kommt ein Therapeut und frisst es wieder ab.

Bert Hellinger

Helfen als Verachtung: Helfen, es einem leichter zu machen, ist auch oft eine Verachtung.

Bert Hellinger

Konflikte und Kooperation

Charakterliche Zuschreibungen sind oft wenig hilfreich: Das, was jemand tut, tut er als Teil der Kooperationsbeziehung: Du tust es, weil du es für den anderen tust. Das ist sinnvoller, als es dem Charakter zuzuschreiben.

Fritz Simon

Sinnvolles Verhandeln: Jede/r sollte zunächst von seiner/ihrer Maximalforderung ausgehen und sich klarmachen, dass ein Kompromiss nur dann zustande kommt, wenn beide Abstriche von ihren Eingangspositionen machen. Ist man sich dessen nicht bewusst, ist es möglich, dass sich beide Verhandlungspartner/innen übervorteilt fühlen, was eine schlechte Voraussetzung für die weitere Kooperation ist.

Bedingungen für Kooperation: Will man die Wahrscheinlichkeit für Kooperation erhöhen, ist es sinnvoll ein Gefangenen-Dilemma, d.h. ein Feld wechselseitigen Aufeinander-Angewiesenseins zu schaffen. Findet dagegen nur ein einmaliger Kontakt statt bzw. wird nur von einem einmaligen Kontakt ausgegangen, wird eher nur nach dem eigenen Vorteil geguckt.

Konflikt 1: Es strebt wohl auch die Natur nach den Gegensätzen und wirkt aus ihnen den Einklang, nicht aus dem Gleichen.

Heraklit

Konflikt 2: Der Konflikt ist der Vater aller Dinge.

Heraklit

Konflikt 3: Im Konflikt mit der Widerständigkeit der Welt entwickelt man sich.

Ambivalenz und Leben: Ambivalenzfrei (eindeutig, widerspruchsfrei) und damit entwicklungslos ist nur der Tod.

Konflikt und Deeskalationsstrategien: Ein Beitrag zur Deeskalation von Konflikten besteht darin, minimale Veränderungen einzuführen, um das unwillkürlich verlaufende Konfliktmuster zu verändern: Wenn Sie merken, dass Sie sich streiten, wechseln Sie den *Ort* (z.b. von der Küche ins Badezimmer), die *Zeit* (z.b. auf einen späteren Zeitpunkt verlegen), die *Metaphorik* (Wenn Sie Tiere wären, welche würden Sie am ehesten repräsentieren? Was wären Ihre Wunschtiere?), die *Beschreibung* (Wie würden Sie den typischen Ablauf beschreiben? Was müssten Sie tun, um den Streit zu eskalieren?) bzw. die *Rahmenbedingungen* (z.b. Aufnahme des Streites mit einem Aufzeichnungsgerät). Beobachten Sie dabei, was sich verändert.

Konfliktdeeskalation: Vom Du zum Ich: Häufig wirkt es in einem Konflikt deeskalierend, wenn man Du-Botschaften (z.b. Vorwürfe) in Ich-Botschaften (z.B. Wünsche) umformuliert.

Konfliktdeeskalation: Verlassen des Schlachtfeldes: Bei eskalierenden Mord- oder Selbstmorddrohungen, in denen es schon andeutungsweise zu gewalttätigen Handlungen gegen sich oder andere gekommen ist, hilft oft nur noch das Verlassen des Schlachtfeldes. Eine hilfreiche Frage in diesem Zusammenhang: „Angenommen, der Streit würde weiter eskalieren, wann ist der Zeitpunkt gekommen, an dem Ihr Partner Sie oder Sie aus Notwehr Ihren Partner umgebracht haben werden?"

Konflikt als Entwicklungsnotwendigkeit: Über die Verhinderung von Konflikten wird Veränderung/Entwicklung verunmöglicht.

Arnold Retzer & Hans Rudi Fischer

Abwärts-Eskalation: Wenn aus der (scheinbaren) Unterlegenheit ein Vorteil erwächst, kommt es zu einer Abwärts-Eskalation. Beispiel: Zwei Herren begegnen sich und vermuten den anderen jeweils in einer höheren Position. Sie machen beide gleichzeitig einen Bückling und stoßen mit den Köpfen aneinander.

Arnold Retzer & Hans Rudi Fischer

Konflikte als Mittel der Organisationsentwicklung: Da Konflikte immer auch Verbesserungsvorschläge implizieren, kann ein hilfreiches Element einer effektiven Organisationsentwicklung die Anregung von Konflikten sein.

Arnold Retzer & Hans Rudi Fischer

Auch Harmonie fordert ihren Preis: Das beständige Herstellen von Harmonie bzw. die aktive Vermeidung von Konflikten führt zu hohen Kosten [(Lebens-)Müdigkeit, Depressionen, Sinnlosigkeitsgefühlen, psychosomatischen Symptomen etc.], weil man sich selbst von sich, seinen Bedürfnissen und seinem Körper entfernt. Im Extrem kann das die Auswirkung haben, dass man seinen eigenen Körper nur noch in Form von Symptomen (Kopfschmerzen, Tinnitus, Lähmungserscheinungen etc.) spürt.

Arnold Retzer

Konfliktdeeskalation: Inhalt und Form: Das explizite Eingehen auf die Inhalte eines Konflikts verstärkt in der Regel den Konflikt. Wird dagegen mit Hilfe von Metakommunikation eine prozessorientierte Perspektive angeregt, also *über* den Konflikt gesprochen, wirkt das deeskalierend. Hilfreiche Fragen sind: Was und welche Verhaltensbeiträge der Beteiligten könnten den Konflikt verschärfen? Welche Beiträge wären für eine Konfliktklärung hilfreich? Woran würde man merken, dass man nicht mehr im Konflikt ist? Welche negativen Auswirkungen könnte eine Bereinigung des Konfliktes haben? etc.

Konflikt als Form der Beziehungsgestaltung: Ein Konflikt ist weder gut noch schlecht, sondern lediglich eine von vielen Formen der Beziehungsgestaltung. Die Lösung besteht nicht immer darin, den Konflikt zum Verschwinden zu bringen.

Sich als Opfer zu zeigen, hat Folgen: Wer sich wie ein Lamm verhält, muss sich nicht wundern, wenn er geschlachtet wird.

Konflikte sind unvermeidlich: Es gibt keine Konflikte, die man ein für alle Mal lösen kann, weil jede Lösung schon wieder der Nährboden eines neuen Konflikts ist.

Arnold Retzer & Hans Rudi Fischer

Konflikt und Umgang mit Vergangenem: Frieden wird gestiftet, wenn Vergangenes vergangen sein darf.

Bert Hellinger

Konflikt und Kooperation: Jeder Konflikt ist ein kooperatives Geschehen. Allein streiten geht nicht.

Verschiedene Konfliktlösungen: Wer sich vom Konflikt löst, betreibt eine Konflikt-Lösung, die zum Frieden führt. Wer versucht, den Konflikt zu lösen, betreibt eine Konfliktlösung, die zum Krieg führt.

Konflikt: Kein Konsens ohne Nonsens.

Arnold Retzer & Hans Rudi Fischer

Konflikt und Nähe: Symmetrische Eskalationen absorbieren die Aufmerksamkeit häufig so stark, dass man auch dann noch mit dem Partner mental verbunden bleibt, wenn man im Moment gerade nicht bei ihm ist. Sie sorgen so – ob man will oder nicht – für Nähe.

Gunther Schmidt

Funktionalität des Konflikts: Wenn ein Konflikt schon sehr lange besteht, ist Vorsicht bei zu schneller Veränderung geboten, da der Konflikt funktional ist.

Arnold Retzer & Hans Rudi Fischer

Konfliktvermeidung ist langfristig etwas Gefährliches. Sie kann einem den Verstand kosten.

Konfliktvermeidung: Bei Konfliktvermeidung geht es für den/die Berater/in darum, Konflikte in die Kommunikation einzuführen: Wenn Konflikte auftauchen, dann führt das zum Konsens, also zu einer sozialen Beziehung.

Arnold Retzer & Hans Rudi Fischer

Konflikt und seine Richtigstellung: Die Richtigstellung eines Konflikts kann häufig zur Aufrechterhaltung des Konflikts führen.

Arnold Retzer & Hans Rudi Fischer

Konfliktvermeidung löst soziale Beziehungen: Wenn man versucht, Konflikte zu vermeiden, lösen sich über kurz oder lang soziale Beziehungen auf.

Konflikte und Wertesysteme: Verbinden sich zwei unterschiedliche Wertesysteme, gibt es Konflikte, es sei denn, die beiden Werte gelten füreinander als gleich gültig und werden damit gleichgültig.

Bert Hellinger

Konflikt als Beziehungsangebot: Jeder Konflikt ist ein Beziehungsangebot. Es bleibt die Frage, ob es als solches wahrgenommen werden kann.

Konflikt und Konsens: Konsens ist die Voraussetzung für einen Konflikt: We agree to disagree.

Konflikte: Lebendige Teams haben Konflikte: Alle Versuche, Konflikte wegzuschaffen, führen in entwicklungshemmende Situationen, Unlebendigkeit, Stagnation und gesundheitsgefährdende Reaktionen.

Arnold Retzer

Konfliktfreiheit: Nur ein totes System ist ein konfliktfreies System.

Arnold Retzer

Konflikt und Logik: Ohne Logik gibt es keine Konflikte.

Ludwig Wittgenstein

Konflikt als Metapher: Reiberei erzeugt Wärme.

N.N.

Konflikt und Positionierung 1: Um einen Konflikt zu bekommen, muss man eine Position einnehmen und Stellung beziehen.

Konflikt und Positionierung 2: Derjenige, der sich positioniert, macht sich schuldig und trennt sich damit vom anderen.

Arnold Retzer & Hans Rudi Fischer

Empathie

Einfühlung und Respekt: Wer jemanden ernst nehmen und respektieren möchte, sollte sich in den/die andere/n so einfühlen, wie man sich selbst Einfühlung entgegenbringt – nicht weniger, aber auch nicht mehr.

Unempathische Empathie: Jemand liegt im Ganzkörpergipsverband. Ein empathisch mitfühlender Besucher sagt: Hoffentlich juckt es dich nicht, weil du dich ja gar nicht kratzen kannst.

N.N.

Fürsorglichkeit und Empathie kann diktatorisch wirken: Alkohol trinken, Geld ausgeben, obdachlos werden – so bitter es auch im Einzelfall sein mag – ist kein legitimer Grund, sozial kontrollierend einzugreifen. Wenn man es dennoch tut, läuft man Gefahr, das Selbstbestimmungsrecht einzuschränken. Im Extrem wird dann der fürsorgliche Staat zur Diktatur, der bestimmt, was Menschen zu tun bzw. zu unterlassen haben, um glücklich zu werden.

Empathie und Konflikt: Durch maximale Einfühlung werden Unterschiede und damit Beziehungen negiert. Konflikte andererseits sind ein Zeichen für Unterschiedlichkeit und not-wendig für Beziehungen.

Psychiatrische Milde ist ein anderer Begriff für herabsetzende Intoleranz.

Arnold Retzer

Empathie und Identität: Durch maximales Einfühlen befindet man sich mehr bei den anderen als bei sich selbst, was zur Negierung der eigenen Bedürfnisse, der eigenen Identität führt. Auf Dauer führt das dazu, dass man sich in etwas einfühlt, was gar nicht vorhanden ist. Es kommt in Beziehungen zu einer wechselseitigen Entleerung der eigenen Identität. Der andere kommt nicht auf seine Kosten und man selbst kommt ebenfalls nicht auf seine Kosten.

Arnold Retzer & Hans Rudi Fischer

Verantwortung, Kränkung und Mitleid: Einem Menschen die Verantwortung für sein Handeln abzusprechen, indem man es als krank bezeichnet, ist eine der furchtbarsten Kränkungen, die man einem anderen zufügen kann. Häufig verkleidet sich diese Form der Kränkung als Empathie oder Einfühlung, hinter der sich ein herabsetzendes Mitleid verbirgt, das – wie die Geschichte gezeigt hat – mitunter tödlich werden kann.

Einfühlung und Schizophrenie: Wenn Sie einen Schizophrenen vergrämen wollen, dann sollten Sie ihm mit Empathie drohen.

Arnold Retzer

Empathie als Form der Ex-Kommunikation oder: Hart, aber gerecht: Im juristischen oder psychiatrischen Kontext, also in einem Kontext sozialer Kontrolle, ermöglicht die Beurteilung auf der Handlungsebene eine harte, aber gerechte Reaktion. Während durch einfühlsam-therapeutisches Handeln die Betreffenden gerade nicht ernst genommen werden.

Vollkommenes Verstehen ist langweilig: Wenn wir uns völlig verstehen, haben wir uns nichts mehr zu sagen.

Arnold Retzer

Verständnis und Mitgefühl können unter bestimmten Umständen mehr Schaden als Nutzen anrichten, was auch und besonders für den/die gilt, auf den/die sich Mitgefühl und Verständnis beziehen.

86

Empathie und destruktives Verhalten: Verständnis ist nicht immer hilfreich, besonders wenn es darum geht, destruktives Verhalten zu kontrollieren bzw. einzudämmen. Durch dieses falsche Verständnis werden not-wendige Entwicklungen verhindert.

Maximale Einfühlung: Maximales Einfühlen ist häufig aus einem Schuld- oder Überlegenheitsgefühl heraus motiviert. Es ist eine Form der sozialen Kontrolle, die in letzter Konsequenz den/die andere/n missbraucht.

Arnold Retzer

Mitgefühl: Vom Abend bis zum Morgen saß er am Bett des Kranken und weinte. Am nächsten Morgen starb er, der Kranke aber lebte weiter.

Saadi

Motivationale Bedeutungsgebung führt tendenziell zur Bewertung des Verhaltens als bedeutungslos: Es ist ja nicht so schlimm, dass er mich umgebracht hat, weil er ja nicht mich meinte, sondern seine Mutter.

Paradoxien und Koane

Sich (nicht) für etwas Besseres halten: Ich bin besser als diejenigen, die sich für etwas Besseres halten.

Bedeutungslosigkeit bedeutet Bedeutung: Auch dem Leben Bedeutungslosigkeit zu geben, gibt ihm Bedeutung.

Arnold Retzer

Eine Frage, die sich in Frage stellt: Darf ich Ihnen eine Frage stellen?

Killing for peace is like fucking for virginity.

Spruch der 68er

Eine befohlene Insubordination: Ich befehle Ihnen, mir nicht zu gehorchen.

David Jonas

Etwas (ver-)stärken: If you want to strengthen something, oppose it.

Frank Farrelly

Bescheidenheit als Stolz: Meine Bescheidenheit ist mein größter Stolz.

Gunther Schmidt

Keine Individualität zu haben, bedeutet Individualität zu haben: Brian sagt: „Geht nach Hause. Ihr seid doch alle Individuen." Daraufhin einer aus der Menge: „Ich nicht."

aus Das Leben des Brian von Monty Pythons

Wirklichkeitskonstruktionen und Erkenntnistheorie

Grundsätzliches

Dominanz des Beziehungsaspekts in der Wissenschaft: Besonders im sozial- und geisteswissenschaftlichen Bereich hat der Beziehungsaspekt in der Regel weit mehr Einfluss auf die wissenschaftlichen Inhalte als das Forschungsobjekt selbst: Im Nationalsozialismus führte diese Dominanz des Beziehungsaspekts – um ein extremes Beispiel zu nennen – zur „wissenschaftlich begründeten" Ablehnung von Einsteins Relativitätstheorie.

Konstruktivismus: Die Umwelt, so wie wir sie wahrnehmen, ist unsere Erfindung.

Heinz von Foerster

Alles verändert sich: Man kann nicht zweimal in den gleichen Fluss steigen.

Heraklit

Perspektiven: Am ersten Tag deutete jeder auf sein Land. Am dritten oder vierten Tag zeigte jeder auf seinen Kontinent. Ab dem fünften Tag achteten wir auch nicht mehr auf die Kontinente. Wir sahen nur noch die Erde als den einen, ganzen Planeten.

Astronaut Sultan Ben Salman Al Saud, Saudi-Arabien, Teilnehmer am 5. Flug der amerikanischen Raumfähre Discovery im Juni 1985

Das Gegenteil ist nicht das Gegenteil, ganz im Gegenteil. Ein Unterschied, der einen Unterschied macht, kann niemals das Gegenteil sein.

Arnold Retzer

Komplexitätsreduktion: Das große Ziel aller Wissenschaft ist es, die größte Anzahl empirischer Tatsachen durch logische Herleitung aus der kleinsten Anzahl von Hypothesen oder Axiomen zu erfassen.

Albert Einstein

Die Schöne und das Biest: Das Unbewusste ist nicht nur weise, sondern manchmal ein ganz schönes Biest.

Das Ich ist nicht immer dem Es vorzuziehen: Für alle Bewusstseinsprozesse, die schneller, ökonomischer und effektiver – wie in Trance – ablaufen sollen, gilt der Grundsatz: „Wo Ich war, soll Es werden."

Gunther Schmidt

Inhalt und Form der Wissensvermittlung sollten übereinstimmen: Das, was gelehrt wird, sollte dem, wie es gelehrt wird, entsprechen.

Der ästhetische Imperativ: Willst du erkennen, lerne zu handeln.

Heinz von Foerster

Die Erkenntnis der Erkenntnis verpflichtet. Sie verpflichtet zu einer Haltung ständiger Wachsamkeit gegenüber der Versuchung der Gewissheit.

Humberto Maturana & Francesco Varela

Die Namensgebung ist immer auch eine Form der Bemächtigung: Nicht umsonst geben Eltern ihren Kindern einen Namen.

Arnold Retzer & Hans Rudi Fischer

Wahrheit ist relativ: Die Wahrheit ist auch eine Tochter der Zeit: Was heute gut und richtig ist, kann morgen schlecht und falsch sein.

Arnold Retzer & Hans Rudi Fischer

Widerstand als Entwicklungsmotor: Erst im Widerstand oder besser durch die Widerständigkeit der Welt kann man sich entwickeln.

Gut gemeint: Das Gegenteil von gut ist gut gemeint.

N.N.

Risiken lassen sich nicht vermeiden: Unter der Bedingung extrem komplexer Organisationen und Kontextbedingungen, kann man die Folgen einer Entscheidung gar nicht mit Sicherheit abschätzen. Aus diesem Grunde ist es nur möglich unter Unsicherheitsbedingungen zu entscheiden.

Gunther Schmidt

Respektlosigkeit: Gott sei Dank bin ich Atheist.

Luis Bunuel

Es gibt keine schlechten Erfahrungen: Gute Erfahrungen stärken einen und schlechte Erfahrungen ermöglichen die persönliche Weiterentwicklung – wenn man sie nutzt.

Identität und Selbstreflexion setzen Negation voraus: Das Nein ist elementar zur Selbstkonstruktion, d.h. zur Identitätsentwicklung. Ich muss in mir einen Beobachter installieren, um mich zu reflektieren.

Arnold Retzer & Hans Rudi Fischer

Abwechslung ist das halbe Leben – die andere Hälfte besteht aus Ritualen.

In Gefahr und größter Not bringt der Mittelweg den Tod.

Alexander Kluge

(Neben-)Wirkungen: Alles, was erwünschte Wirkungen hat, hat auch unerwünschte (Neben-)Wirkungen.

Das Leben ist immer für Überraschungen gut: Just when you think, I'm prepared for life, it makes „boom".

Frank Farrelly

Wer kämpft kann verlieren. Wer nicht kämpft, hat schon verloren.

Bertolt Brecht

Affektive und kognitive Komponenten wirken untrennbar zusammen: Kognition ist das Wahrnehmen und weitere Verarbeiten von emotionalen Unterschieden.

Alles im Leben hat seinen speziellen Preis. Bleibt die Frage: Will man ihn entrichten?

Jeder Mensch hat seine eigene Kultur: Menschen gehen oft selbstverständlich davon aus, dass ihre Kultur die ganze Welt ausmacht.

Manchmal kommt es anders als man denkt: Life is what happens, while you make other plans.

Frank Farrelly

Die Benennung einer Sache rechtfertigt fast alles: Machen kann man fast alles; es kommt oft nur darauf an, wie man es benennt.

Fritz Simon

Mut ist etwas, was jeder im gleichen Maße bei der Geburt bekommt, aber immer mehr wird, je öfter man ihn benutzt.

Cloé Madanes

Glück und Verderben: Des einen Glück ist des anderen Verderben.

Zweierlei Glück: Das vom Ich gesuchte Glück läuft leicht davon. Wir wachsen, wenn es geht. Das von der Seele gegebene Glück kommt. Wir wachsen, wenn es kommt.

Bert Hellinger

Das Glück der Männer: Männer mögen es, angelogen zu werden. Und es braucht nur ein paar Lügen, um sie glücklich zu machen.

Frank Farrelly

Der Abschied vom Unglück fällt schwer.

Bert Hellinger

Die Welt des Glücklichen ist eine andere als die Welt des Unglücklichen.

Ludwig Wittgenstein

Glück lässt sich erarbeiten: Gemeinhin wird Glück als euphorisches Erleben, das nur einen kurzen Augenblick dauert und auf das man selbst keinen direkten Einfluss hat, missverstanden. Das Gegenteil ist der Fall: Zum einen kann man selbst für das eigene Glück sorgen und zum anderen handelt es sich um alles andere als einen momentanen Gefühlszustand. Glück lässt sich nämlich erarbeiten und führt dann zu einem permanenten Zustand oder besser Prozess, der nun aber auch süchtig machen kann.

Gutes: Es gibt nichts Gutes außer: Man tut es.

Erich Kästner

Ersatz: Nichts von dem, was da ist, ist Ersatz.

Bert Hellinger

Normalität ist etwas Labiles, deswegen ist es hilfreich, das Normale zu schützen.

Bert Hellinger

Erkenntnis und Praxis: Eine „wissenschaftliche" Theorie ohne praktische Relevanz ist für die Katz.

Ohne Böses gibt es kein Gutes.

Bert Hellinger

Vorurteile bestätigen sich ganz von selbst: Wenn ich den/die andere/n kritisch oder misstrauisch betrachte, werde ich das beobachten, was ich befürchte.

Stolz ist das Gegenteil von Danken. Wenn einer stolz ist, dass er etwas überwunden hat, besteht die Gefahr, dass er die Rettung mit einem neuen Symptom bezahlt.

Bert Hellinger

Absolutes Wissen: Eine sich absolut setzende Erkenntnis kann nicht wahr sein – und diese auch nicht.

Würdigung der Altvordern: Ein Zwerg auf den Schultern eines Riesen kann weiter sehen als der Riese.

Johann Jakob Wilhelm Heinse

Positionsveränderung bewirkt Perspektivenveränderung: Wenn du nicht der Leithund bist, ändert sich für dich die Aussicht nie.

N.N.

Alles ist relativ: Wenn man aus dem Konzentrationslager kommt, wird das Arbeitslager zum Reich der Freiheit.

Komplexitätsreduktion: Entia non sunt multiplicanda sine necessitate (Ohne Notwendigkeit dürfen keine Wesenheiten hinzugefügt werden – K.M.).

Wilhelm von Ockham

Leben ist ein unverdientes Geschenk: Das Leben muss man sich nicht verdienen, denn man hat es geschenkt bekommen. Ein Geschenk bezahlt man ja auch nicht nachträglich, sondern nimmt es dankend an. Wer denkt, er müsse sich das Leben bzw. seine Existenzberechtigung erst verdienen, der entwertet dieses unverdiente Geschenk seiner Eltern.

Trauer ist eine Information, dass einem jemand oder etwas fehlt.

Gunther Schmidt

Schreckhaftigkeit: Wer schreckhaft ist, hat etwas zu verbergen.

Arroganz ist ein Schutz vor Verletzungen, der Verletzungen magisch anzieht.

Affekte und Komplexitätsreduktion: Affekte dienen der Komplexitätsreduktion (Unterschied: angenehm – unangenehm).

Erlebte Wirklichkeit ist immer Ergebnis von Aufmerksamkeitsfokussierung.

Gunther Schmidt

Ursache ohne Ursache: Nichts in der Welt ohne Ursache. Nur eins: die Welt selbst.

Tod oder Leben: Wenn du erst einmal tot bist, dann bist du für sehr lange tot. Also lebe, solange du lebst.

N.N.

Selbstbestätigende Rückkopplungsschleifen: Unsere eigene Wirklichkeitskonstruktion erzeugt – aufgrund der Tatsache, dass sie unsere Wahrnehmung in ihrem Sinne strukturiert – selbstbestätigende Rückkopplungsschleifen. Aus diesem Grunde führen Vorurteile fast immer zu ihrer Bestätigung und Chronifizierung.

Risiken könnten sich lohnen: No risk, no fun! More risk, more fun!

N.N.

Nicht-zu-Verhinderndes muss man akzeptieren: Etwas, das man nicht verhindern kann, sollte man selbst nicht zur Disposition stellen.

Arnold Retzer

Gewöhnliches Leben: Das gewöhnliche Leben gibt den Menschen Bedeutung und Gewicht. In ihm liegt die eigentliche menschliche Größe.

Bert Hellinger

Wissenschaft als Komplexitätsreduktion: Die Aufgabe der Wissenschaft besteht darin, komplizierte Zusammenhänge so einfach wie möglich darzustellen. Man könnte den Eindruck gewinnen, dass viele unter Wissenschaft gerade das Gegenteil verstehen.

Wahlfreiheit: Wer A sagt, muss nicht unbedingt B sagen, er kann auch C, Nicht-A oder etwas ganz anderes sagen.

Das Mögliche ist ohne das Unmögliche nicht denkbar: Wer das Unmögliche nicht denkt, wird das Mögliche nicht schaffen.

N.N.

Die Landkarte ist nicht das Territorium, das sie darstellt, aber wenn sie akkurat ist, hat sie eine ähnliche Struktur wie das Gebiet, was ihre Nützlichkeit rechtfertigt.

A. Korzybski

Respektlosigkeit: Einer Idee tut es nicht weh, wenn man respektlos mit ihr umgeht, einem Menschen schon.

Keine Ziele zu haben, ist nicht immer leicht: Nachdem wir unsere Ziele aus den Augen verloren hatten, verdoppelten wir unsere Anstrengungen.

Mark Twain

Das Erreichte will gewürdigt werden: Wenn man gerade einen Berg erklommen hat, ist es noch nicht Zeit, schon den nächsten Berg anzuvisieren.

Aggression: Hinter jeder Aggression steckt ein anerkennenswertes Bedürfnis.

Gunther Schmidt

Leben heißt entscheiden: Sich nicht zu entscheiden, ist auch eine Entscheidung.

Misserfolg ist die Voraussetzung für Erfolg: Großer Erfolg basiert in der Regel auf einer großen Menge an Fehlschlägen.

Aus Erkenntnissen müssen noch keine Handlungen folgen: Selbst wenn man eine Erkenntnis für richtig hält, bedeutet das weder, dass es leicht wäre, sie umzusetzen, noch dass man sie überhaupt umsetzt.

Extremsportler müssen sich den Tod hart erarbeiten.

Bert Hellinger

Ziele und ihre Mittel: Wenn es kein Ziel gibt, kann man auch nicht über die Mittel entscheiden.

Lust und Leid: Die Natur hat es so eingerichtet, dass alles, was der individuellen Lebenserhaltung sowie dem Weiterbestehen der Art dient, lustvoll erlebt wird: Essen, Trinken, Sexualität, Kommunikation. Leiden ist demnach ein Hinweis darauf, dass das Leben des Individuums bzw. das Überleben der Art bedroht ist.

Würdigung des Vergangenen: Das, was in der Vergangenheit richtig war, war in der Vergangenheit richtig. Wenn man das würdigen kann, kann man sich davon verabschieden und heute das tun, was heute richtig ist.

Schulen und Universitäten sind Trivialisierungsanstalten: Der Großteil unserer institutionalisierten Erziehungsbemühungen hat zum Ziel, unsere Kinder zu trivialisieren. [...] Da unser Erziehungssystem daraufhin angelegt ist, berechenbare Staatsbürger zu erzeugen, besteht sein Zweck darin, alle jene ärgerlichen inneren Zustände auszuschalten, die Unberechenbarkeit und Kreativität ermöglichen.

Heinz von Foerster

Loslassen: Einerseits: Wenn man mit einer Hand an einer Felskante hängt, gilt: Nicht immer ist Loslassen ratsamer als Festhalten. Andererseits: Wer loslässt, hat beide Hände frei, etwas Neues anzupacken. Alles klar?

Gunther Schmidt

Erklärungen haben mehr mit dem Erklärer zu tun als mit dem Erklärten.

Unterschied zwischen Theorie und Praxis: Hypothesen sind Gerüste, die man vor dem Gebäude aufführt, und die man abträgt, wenn das Gebäude fertig ist. Sie sind dem Arbeiter unentbehrlich; nur muss er das Gerüste nicht für das Gebäude ansehn.

Johann Wolfgang von Goethe

Ich und die Welt: I'm the boundary of my world.

Steve de Shazer

Tiefe und Oberfläche: In der Oberfläche liegt die Tiefe.

Arnold Retzer & Hans Rudi Fischer

Das Primat der Gegenwart: Was also nun klar ersichtlich ist, das ist, es gibt nicht Zukunft noch Vergangenheit; [...] es ließe sich vielleicht im eigentlichen Sinne sagen: es gibt drei Zeiten, die Gegenwart des Vergangenen, die Gegenwart der Gegenwart und die Gegenwart des Künftigen.

Augustinus

Glaubenssätze und Lebensbedingungen: Die gegenwärtige Situation eines Menschen ist das genaue Spiegelbild seiner Glaubenssätze.

Anthony Robbins

Glaubenssätze und (Un-)Möglichkeiten: Wer glaubt, etwas nicht zu können, der wird es nicht können. Wer glaubt, etwas zu können, der hat keine Garantie, es zu können, doch zumindest die Wahrscheinlichkeit.

Wissenschaftlichkeitsanspruch und Praxis: Je mehr dem allgemeinen Anspruch an Wissenschaftlichkeit in den Geisteswissenschaften Genüge getan wird, um so geringer die praktische Relevanz.

Zweifel am vermeintlich Bekannten: Kühner, als das Unbekannte zu erforschen, kann es sein, das Bekannte zu bezweifeln.

Kaspar

Erleben lässt sich nicht widerlegen: Niemals können wir überprüfen, ob es stimmt, wenn jemand sagt: „Ich habe Schmerz."

Ludwig Wittgenstein

Fehler: Nur wer etwas macht, macht auch Fehler.

Theorie und Wahrheit: Ob eine wissenschaftliche Theorie der an sich unerkennbaren Wahrheit nahe kommt, lässt sich erst an den zukünftigen Auswirkungen ihrer praktischen Umsetzung erkennen.

Denklust bzw. die Lust am Denken: Ohne Lust denkt es sich schlecht.

Praktische Auswirkungen einer Theorie: Richtet man sich nach dem pragmatischen Grundsatz, die Wirklichkeit so zu konstruieren, dass diese Konstruktion am Ende nicht nur die erklärungsbedürftigen Phänomene erhellt, sondern mit hoher Wahrscheinlichkeit auch zu den bestmöglichen Auswirkungen führt, so kann man mit guter Legitimation davon ausgehen, dass sie auch der Wahrheit nahe kommt. Ob also etwas wahr oder falsch ist, wird nicht so sehr von der Vergangenheit bestimmt, sondern vielmehr von der Zukunft.

Komplexitätserhöhung unter Beachtung des Prinzips der Komplexitätsreduzierung: Theorien über bestimmte Phänomene sollten sich ihrem Gegenstand so nähern, dass mit der geringstmöglichen Zunahme von Hypothesen die größtmögliche Anzahl von Phänomenen beschrieben, erklärt und vorhergesagt werden kann.

Kosten und Nutzen: Ob man will oder nicht und ob es einem/einer bewusst ist oder nicht: Alles hat seinen Preis und auch die Lösung eines Problems hat seine Kosten.

Komplexitätsreduktion und Handlungsfähigkeit: Theorien vereinfachen die Welt, indem sie ihre Komplexität reduzieren. Damit erhöhen sie die Handlungsfähigkeit.

Selbstbefriedigungs-Theorien: Theorien, die sich aus Theorien ableiten und keinen praktischen Bezug haben, stellen eine geistige Form der Selbstbefriedigung dar, was ja ganz schön sein kann, aber eine einsame und folgenlose Beschäftigung bleibt.

Wenn man einen Unterschied haben will, muss man einen konstruieren.

Gunther Schmidt

Normalität: Wer sich in einer unnormalen Situation normal verhält, ist nicht normal.

Identität ist eine (Selbst-)Konstruktionsleistung: Menschen sind nicht so und so. Menschen zeigen sich noch nicht einmal auf eine bestimmte Weise. Stattdessen werden Eigenschaften eines Menschen ihm von einem/einer Beobachter/in zugeordnet. Mit jeder Veränderung der Situation (des Kontextes) verändert sich auch die Wahrnehmung dieses Menschen.

Unterschiede kreieren die Welt. If you want to create the universe, draw a distinction.

Spencer Brown

Heimliche Zustimmung: Wer bei der Schilderung einer schlimmen Sache lächelt, stimmt dem heimlich zu.

Bert Hellinger

Wirklichkeitsanpassung: Wir versuchen, solange es geht, die Wirklichkeit an unser Bild von der Wirklichkeit anzupassen.

Wissenschaftliche Objektivität: My theory is longer, thicker and harder than yours.

Frank Farrelly

Gelassenheit, Mut und Weisheit: Gott (wenn es ihn gibt oder wer oder was auch immer – K.M.) gebe mir die Gelassenheit, Dinge hinzunehmen, die ich nicht ändern kann, den Mut, Dinge zu ändern, die ich ändern kann, und die Weisheit, das eine vom anderen zu unterscheiden.

Friedrich Christoph Oetinger

Entscheidungen haben ihren Preis, keine auch: Entscheiden heißt, sich von Optionen verabschieden. Sich nicht entscheiden, heißt, Ambivalenz wahren und sich Optionen offen halten.

Arnold Retzer & Hans Rudi Fischer

Handlung und Sprache: Auf der Handlungsebene gibt es nur Entweder-oder, auf der sprachlichen Ebene kognitiv-emotionaler Prozesse Sowohl-als-auch.

Etwas tun: Kleine Taten, die man ausführt, sind besser als große, die man plant.

George C. Marshall

Handlungsfähigkeit. Mehr Möglichkeiten sind besser als weniger.

Vermeiden oder ertragen: Man muss vermeiden lernen, was man nicht ertragen kann und man muss ertragen lernen, was man nicht vermeiden kann.

Michel Montaigne

Ideen sollten als Denkangebote begriffen werden: Natürlich habe ich eine dezidierte Position und bin überzeugt von ihr. Ich gehe jedoch nicht davon aus, dass andere meine Überzeugung teilen *müssen*.

Nichts ist selbstverständlich: Jeder Mensch ist ein Universum und Abenteuer für sich. Was für den/die eine/n z.B. Angst bedeutet, kann für den/die andere/n etwas ganz anderes sein. Was für den/die eine/n der Himmel, kann für den/die andere/n die Hölle sein.

Nicht immer ist der kürzeste Weg der beste: Umwege erhöhen die Ortskenntnis.

Gunther Schmidt

Wissen und Information: Uns dürstet nach Wissen, und wir ertrinken in Informationen.

John Naisbitt

Praxis und Theorie: Wer heilt, hat Recht.

Unterschiede, die einen Unterschied machen: Was wir tatsächlich mit Information meinen – die elementare Informationseinheit –, ist ein Unterschied, der einen Unterschied ausmacht, [...]

Gregory Bateson

Die Auswirkungen einer Theorie: Wenn die praktische Umsetzung einer Theorie Leid, Verderben und/oder Tod bringt, dann kann das nicht nur allein ein Versagen ihrer Praxis sein.

Erhöhung der Wahlfreiheit: Der ethische Imperativ: Handle stets so, dass weitere Möglichkeiten entstehen.

Heinz von Foerster

Wissenschaftlichkeitsmythos: Wer in der akademischen Welt etwas gelten will, muss sich zumindest im geisteswissenschaftlichen Bereich so ausdrücken, dass die praktische Relevanz kaum noch zu finden ist.

Vorurteilsfreiheit ist ein Vorurteil: Wir können nicht vorurteilsfrei sein.

Fremd- und Eigensuggestionen: Nur wenn man aus Fremdsuggestionen Eigensuggestionen macht, wirken sie.

Gunther Schmidt

Vom Schicksal beschenkt werden: Manche bekommen etwas geschenkt vom Schicksal und sie denken, sie könnten es behandeln wie einen Menschen und müssten dafür noch einmal bezahlen – mit einem Symptom oder einer Krankheit. Die einzig gute Möglichkeit, ein unverdientes Geschenk anzunehmen, ist zu danken.

Bert Hellinger

Trivialität ist nicht per se etwas Schlechtes.

Arnold Retzer & Hans Rudi Fischer

An die Realisten. – Ihr nüchternen Menschen, die ihr euch gegen Leidenschaft und Phantasterei gewappnet fühlt und gerne einen Stolz und einen Zierath aus eurer Leere machen möchtet, ihr nennt euch Realisten und deutet an, so wie euch die Welt erscheint, so sei sie wirklich beschaffen: vor euch allein stehe die Wirklichkeit entschleiert, und ihr selber wäret vielleicht der beste Theil davon [...].

Friedrich Nietzsche

Wahrnehmung und Wissen: Wir wissen nicht, was wir sehen, sondern wir sehen, was wir zu wissen glauben.

Das Wissen nicht wissen: Wir wissen vieles, von dem wir nicht wissen, dass wir es wissen.

Was drauf steht, muss nicht immer drin sein: Wo Wissenschaft draufsteht, muss nicht immer Wissenschaft drin sein.

Entwicklungsfördernde und entwicklungshemmende Erklärungen: Die meisten Erklärungen wollen einen beruhigen und behindern oder verunmöglichen sogar Veränderung.

Der Erfolg zeigt sich erst hinterher: Man kann nur wissen, ob etwas, das man vorhat, erfolgreich ist, wenn man es tut.

Wer handelt, kann auch unterlassen: Wenn jemand die Fähigkeit besitzt, ein Verhalten zu zeigen, so besitzt er auch die Fähigkeit, ebendieses zu unterlassen.

Lebens-Erkenntnisse: Ob man will oder nicht – das Leben hält immer Erkenntnisse für einen bereit.

Schlechte Wahrnehmung: Wer Böses sieht, hat eine schlechte Wahrnehmung.

Bert Hellinger

Systeme

Systemdefinitionen:
- Das Ganze ist mehr als die Summe der Teile.

Paracelsus

- You can never kiss a system.

N.N.

- Alles Organisierte ist mindestens ein System.
- Man kann einem System hinterherjagen und trifft doch immer nur Leute.

Gunther Schmidt

Der Standpunkt des Beobachters: Das Bezugssystem, von dem aus berichtet wird, ist das Entscheidende: Geisterfahrer sagt: „Nicht ein Autofahrer kommt einem entgegen, sondern hunderte".

Gunther Schmidt

Das Draußen bestimmt das Drinnen, das das Draußen bestimmt: Bild von Magritte: Auge, in dem sich der Himmel spiegelt: Wir finden drinnen, was wir draußen wahrnehmen.

Systeme werden von Beobachter/inne/n konstruiert: Egal ob Sie wollen oder nicht – sobald Sie einen (Beobachtungs-)Raum mit anderen teilen, bilden Sie mit den anderen ein System bzw. mindestens so viele Systeme wie beobachtende Menschen anwesend sind, da jeder sein eigenes System konstruiert, das sich zusätzlich permanent im Laufe der Zeit verändert. Mit der Beobachtung eines Systems werden gleichzeitig auch die Systemgrenzen konstruiert.

Anpassung ist unvermeidlich: Alles, was lebt, ist *auch* angepasst.

N.N.

Umwelt und System: Eine Umwelt kann niemals determinieren, welche Auswirkungen sie in einem System haben wird; denn jedes System reagiert operational geschlossen auf Angebote aus der Umwelt. Es sei denn, die Umweltbedingungen sind von systemzerstörendem Charakter.

Systemische Weisheit: Einerseits haben wir die systemische Natur des individuellen menschlichen Wesens, die systemische Natur der Kultur, in der es lebt, und die systemische Natur des biologisch-ökologischen Systems um es herum; und andererseits die eigenartige Verdrehung in der systemischen Natur des individuellen Menschen, durch welche das Bewusstsein fast notwendig blind wird für die systemische Natur des Menschen selbst. [...] Mangel an systemischer Weisheit rächt sich immer. Wir können sagen, dass die biologischen Systeme - das Individuum, die Kultur und die Ökologie - zum Teil lebende Stützen der in ihnen enthaltenen Zellen oder Organismen sind. Aber die Systeme rächen sich nichtsdestoweniger an jeder Spezies, die so unklug ist, mit ihrer Ökologie in Konflikt zu geraten.

Gregory Bateson

Innen- und Außengrenze eines Systems: Systeme müssen zweifach definiert sein und zwar von außen und von innen.

Arnold Retzer

Kommunikation

Konstruktive Verblödung: Ein Bankraub oder eine Flugzeugentführung ist nur dadurch möglich, dass man sich zuvor kommunikativ einigt, dass es sich um einen Bankraub bzw. eine Flugzeugentführung handelt. Daraus kann man folgern: In bestimmten Situationen ist die effektivste Form der Kommunikation die Unterlassung von Kommunikation, d.h. das Ignorieren von Informationen oder das Nichtverstehen einer Botschaft.

Arnold Retzer

Das Risiko der Kommunikation: Jede Begegnung bzw. Kommunikation mit einem anderen Menschen ist mit einem Risiko verbunden: Denn niemals hat man eine Garantie, welche Bedeutung der/die andere den Verhaltens- und Kommunikationsbeiträgen geben und wie er/sie auf sie reagieren wird. Wer dann glaubt, Risiken auszuschließen, indem er die zwischenmenschliche Kommunikation meidet, geht damit ein noch größeres Risiko für sein Wohlbefinden ein.

Sprache und Regelverletzungen: Auf der symbolischen Ebene der Sprache sind Regelverletzungen notwendig, um sinnvolles Verhalten zu ermöglichen. Andernfalls kommt es zu einem konkretistischen Sprachverständnis. Im Film „Rainman" bleibt Dustin Hoffmann auf dem Ampelfußgängerweg stehen, wenn die Ampel auf „Don't walk" springt.

Arnold Retzer

Die Bedeutung eines Wortes entsteht durch seinen Gebrauch.

Ludwig Wittgenstein

Was unvermeidlich ist:

- Man kann nicht nicht kommunizieren (Anmerkung: WATZLA-WICK setzt Kommunikation mit Handeln gleich – K.M.).

Paul Watzlawick

- Ich kann nicht nicht verändern. Allein durch meine Anwesenheit verändere ich.

Arnold Retzer & Hans Rudi Fischer

- Man kann nicht nicht affektiv gestimmt sein.

Luc Ciompi

- Man kann nicht nicht manipulieren.

Frank Farrelly

- Man kann nicht nicht sozial kontrollieren.

Frank Farrelly

- Man kann sich nicht nicht verhalten.
- Man kann nicht nicht bewerten.
- Man kann im psychosozialen Kontext nicht nicht intervenieren: Jeder Mensch im psychosozialen Kontext unterliegt einem nicht zu umgehenden bzw. nicht zu vermeidenden Interventionszwang, d.h., alles, was jemand hier tut bzw. unterlässt, ist eine Intervention.

Sprache und Verhalten: Mit Sprache kann alles Mögliche und auch Unmögliche ausgedrückt werden. Sie ist immer vieldeutig. Wohingegen Verhalten immer eindeutig ist.

Affekte sind in erster Linie Beschreibungen der eigenen Person. Sie sind nicht geeignet, andere zu beschreiben.

N.N.

Die Legitimation des Fragens: Alles, was nicht in Frageform ausgesagt wird, kann sich ungefragt weiter entfalten, was mitunter sehr problematisch sein kann.

Arnold Retzer

Abwesenheit und Bedeutsamkeit: Auch die Abwesenheit eines Zeichens kann hoch bedeutsam sein.

Beliebter Kommunikationskiller in der Psycho-Szene: „Warum verteidigst du dich?" Darauf kann man nur antworten: „Selbst vor Gericht wird es einem ermöglicht, sich selbst zu verteidigen."

Der Zeitpunkt entscheidet nicht über die Berechtigung einer Aussage: Der Vorwurf „Warum hast du das nicht schon eher getan/gesagt?" impliziert eine Abwertung und berücksichtigt nicht, dass es immer ein erstes Mal und zu jedem ersten Mal ein Früher gibt. Außerdem: Hätte man es früher tun/sagen können, hätte man es gemacht/gesagt.

Die absichtslose Haltung des/der Fragenden: Das Prinzip der Erwartungsenttäuschung gilt nicht nur für die Kund/inn/en, sondern ebenfalls für die Berater/innen. Hier bezieht es sich auf die absichtslose Haltung des Fragenden. Man kann und sollte zwar nicht dauerhaft absichtslos sein, doch für den Augenblick des Fragens kann man anstreben, eine absichtslose Haltung einzunehmen, so dass jede Antwort freundlich begrüßt werden kann. Wenn man von dem/der Befragten erwartet, dass er/sie in einer bestimmten Weise antworten müsste, bräuchte man entweder gar nicht fragen, wenn die entsprechende Antwort kommt oder reagiert irritiert, weil man auf die unerwartete Antwort nicht vorbereitet ist, wodurch man aus dem Konzept kommt und innerlich gelähmt wird.

Du-Botschaften sagen mehr aus über das Ich als über das Du und sind ein hervorragendes Mittel einen Streit zu eskalieren.

Aussagen und Diagnosen: Eine Aussage bzw. Diagnose über einen anderen Menschen kann niemals eine objektive Beschreibung dieses anderen sein. Häufig sagen Diagnosen mehr über den/die Diagnostiker/in aus als über den/die Diagnostizierte/n.

Herrschaftsfreier Diskurs: Es gibt keinen herrschaftsfreien Diskurs.

Arnold Retzer

Hinter jedem Vorwurf verbirgt sich ein Wunsch: Das Kommunikationsmuster verändert sich vom Kampf- zum Friedensmuster sofort, wenn man nicht auf den Vorwurf, sondern auf den dahinter verborgenen Wunsch reagiert: Vorwurf (häufig der Eltern an ihre sie besuchenden erwachsenen Kinder): „Ihr besucht uns viel zu selten." Antwort: „Schön dass ihr uns so oft sehen wollt/ihr euch auf uns gefreut habt. Jetzt sind wir ja hier."

Gewissheit einer Aussage: Es gibt keinen Zugriff auf die Gewissheit einer Aussage – weder auf der biologischen noch auf der psychischen Ebene.

Arnold Retzer

Kommunikation und Verantwortlichkeit: Ich bin ganz verantwortlich für das, was ich sage, aber nicht für das, was Sie hören.

Humberto Maturana

Vom Saulus zum Paulus (oder war es umgekehrt? – K.M.): Die schärfsten Kritiker der Elche waren früher selber welche.

N.N.

Du-Botschaften: Immer bist du derjenige, der Du-Botschaften macht. Darauf haben wir uns geeinigt.

Frau zu ihrem Mann während einer Paartherapie

Kommunikation und Psychophysiologie: Immer derjenige psychophysiologische Prozess wird ausgelöst, der in der Kommunikation mit produzierten Vorstellungsbildern einhergeht.

Gunther Schmidt

Information ist das Herstellen von Unterschieden.

Gregory Bateson

Information ist Energie – bei jeder Weitergabe verliert sie etwas davon.

N.N.

Aussagen über andere: Jede Aussage über eine/n andere/n ist immer auch eine Aussage über sich.

Dissens und Konsens: Jeder Dissens setzt den Konsens über den Dissens voraus: We agree to disagree.

Konsens: Kein Konsens ohne Nonsens.
Arnold Retzer & Hans Rudi Fischer

Affektfreies Handeln: Es gibt keine Handlung ohne Affekt.
Arnold Retzer

Handeln heißt wählen, sich für eine Seite zu entscheiden.
Arnold Retzer & Hans Rudi Fischer

Freche (ungewöhnliche, unerwartete) Fragen provozieren freche (kreative, unkonventionelle, hilfreiche) Antworten.

Lebens-Geschichten: Jede Lebensgeschichte ist eine Erfindung.

Die Bedeutung eines Zeichens: Der/die Beobachter/in gibt dem Zeichen eine Bedeutung.

Beziehungs- und Inhaltsaspekt einer Botschaft: Der Beziehungsaspekt hat immer Vorrang vor dem Inhaltsaspekt einer Botschaft.
Paul Watzlawick

Unklare Kommunikation: Der Empfänger einer Botschaft entscheidet darüber, ob mit ihm unklar kommuniziert wird, denn er kann jeder Mitteilung eine eindeutige Bedeutung geben.
Gunther Schmidt

Die Bedeutung einer Botschaft bestimmt der Empfänger bzw. entsteht immer beim Empfänger.
N.N.

Gerüchte und negative Vorurteile entkräftet man dadurch, dass man sie offensiv und übertreibend bestätigt.

Konflikteskalation und Beziehungsaspekt: Je höher die Konflikte eskaliert sind, um so weniger spielen die Inhalte und um so mehr der Beziehungsaspekt eine Rolle.

Wofür statt warum: Häufig ist es sinnvoller „wofür?" (zukunftsorientiert) zu fragen als „warum?" (vergangenheitsorientiert).

Die Bedeutung einer Botschaft: Oft lässt sich die Bedeutung einer Botschaft erst an der Reaktion, die sie auslöst, erschließen.

Missverständnisse können nicht immer beseitigt werden: Wenn ein Mensch einen anderen Menschen missverstehen will, kann der/die Missverstandene nichts tun, um verstanden zu werden, auch wenn er/sie sich noch so sehr bemüht.

Sich selbst erfüllende Prophezeiung – Definition: Häufig ist die Prophezeiung die Hauptursache für das prophezeite Ereignis.

Thomas Hobbes

Die Benennung als Schöpfungsakt ohne Geschöpf: Nicht alles, was einen Namen hat, muss auch existieren.

Arnold Retzer

Wahrnehmung und Wirkung: Wenn ich wahrgenommen werde, wirke ich immer auf die anderen.

Arnold Retzer & Hans Rudi Fischer

Verstehen ist das Resultat gelingender Kommunikation und kann deswegen nicht vorausgesetzt werden.

Unklarheit bindet und mystifiziert. Sie bedeutet auf der einen Seite Freiheit, Auflösung von Unterschieden und Konfliktvermeidung, auf der anderen Seite Orientierungslosigkeit und Identitätsverlust.

Betreuen und Behandeln: Die transitiven Tätigkeitsworte „betreuen" und „behandeln" negieren den Menschen als (autopoietisches) Subjekt und degradieren ihn zum bloßen Objekt, mit dem etwas gemacht wird. „Am Ende löscht die Betreuung den Jemand als Jemand, als eigenes Wesen aus, dem sie gilt oder zu gelten scheint" (DOLF STERNBERGER). In extremer Weise wurde im Nationalsozialismus – laut STERNBERGER – „Betreuen" zu einem Euphemismus für Morden und Mord.

Entwertung und Rechtfertigung: Wenn es zu einer Rechtfertigung nach einer Entwertung kommt, kommt es zu einem entwertenden Muster. Dagegen geht die Entwertung ins Leere, wenn keine Rechtfertigung stattfindet.

Arnold Retzer

Keine Position, keine Kritik: Wer nichts zu sagen hat, ist auch nicht umstritten, was nicht heißt, dass der-/diejenige, der/die umstritten ist, immer etwas (Vernünftiges) zu sagen hätte.

Abwertung und Wertschätzung: In bzw. hinter jeder Abwertung steckt eine wertzuschätzende Botschaft bzw. ein wichtiges Bedürfnis.

Sender und Empfänger: Wie sehr der Sender einer Botschaft sich auch bemüht, ihr eine klare und eindeutige Bedeutung zu geben, er kann sich niemals sicher sein, ob die Bedeutung, die er seiner Botschaft gibt, mit der Bedeutung, die der Empfänger der Botschaft verleiht, übereinstimmt.

Die Gedanken sind frei – solange man sie nicht äußert.

Jede Namensgebung schafft eine besondere Beziehung: Aus diesem Grunde sagen die Yanonami-Indianer keinem Fremden ihren Namen, weil sie befürchten, ihm damit Macht über sich zu geben.

Gunther Schmidt

Deutliches Reden: Wer etwas zu sagen hat, der sollte es deutlich sagen.

Zeichen können nicht richtig oder falsch sein, aber ihre Interpretation kann falsch oder richtig sein: Deute mich, damit ich dich deuten kann. Beispiel: Chef sagt: „Zu Ihnen fällt mir gar nichts ein." Reaktion: „Passiert Ihnen das öfter, dass Ihnen nichts einfällt?"

Arnold Retzer & Hans Rudi Fischer

Die Heisenberg'sche Unschärferelation der Kommunikation: Zum einen verändert die Beobachtung das Beobachtete und zum anderen verändert das Beobachtete den/die Beobachter/in. Objektive und subjektive Sachverhalte bzw. Informationen vermischen sich unweigerlich, so dass es im Kommunikationssystem keine objektive Wahrheit geben kann.

Beobachtung und Symptom: Das Beobachtete verändert sich unter der und durch die Beobachtung: Allein die absichtslose Beobachtung eines psychischen Symptoms verändert dieses Symptom selbst. Wenn man dann noch seine Veränderung absichtslos beobachtet, löst es sich in der Regel über kurz oder lang auf.

Selbstreflexive Beratung: Ein Kriterium für eine gute Beratung besteht darin, dass sie Kritik an der eigenen Methode zulässt, ohne den/die Ratsuchende/n abzuwerten oder gar zu pathologisieren.

Kommunikation und Beobachtung: Alles, was gesagt wird, wird von einem Beobachter gesagt.

Humberto Maturana

Die Unmöglichkeit instruktiver Kommunikation: Aufgrund der autopoietischen Struktur lebender Systeme gibt es keine instruktive Kommunikation (Humberto Maturana).

Das bedeutet: Egal, was man auch immer einem anderen Menschen zu befehlen versucht, entscheidet der andere vollkommen autonom, ob er den Befehl (die Instruktion) befolgt oder nicht – selbst wenn man ihm bei Nichtbefolgung mit dem Tode droht.

Fazit: Lebende Systeme kann man entweder verstören oder aber zerstören. Man kann sie jedoch nicht zwingen, sich in einer bestimmten Art und Weise zu verhalten.

Wahrnehmung und Kommunikation: Wenn man wahrnimmt, dass man wahrgenommen wird, verändert sich das eigene Verhalten bzw. spricht man von Kommunikation.

Arnold Retzer & Hans Rudi Fischer

Nutzung der Ambivalenz in der Kommunikation: Wenn man im Gespräch mit einem nahe stehenden Menschen sich am liebsten auf die Zunge beißen möchte, dann ist das nur möglich, wenn zwei unterschiedliche Strebungen in einem sind: Eine Seite möchte etwas sagen und die andere Seite beißt sich auf die Zunge, um nichts zu sagen. Für die Beziehungskooperation ist es nun sinnvoll, zuerst den Biss auf die Zunge mitzuteilen: „Eine Seite in mir würde dir ja gerne etwas sagen, aber eine andere hält mich zurück, weil sie befürchtet, wenn die eine Seite das sagt, dann könntest du verstört/beleidigt/verletzt reagieren und das möchte ich nicht. Andererseits denkt die eine Seite, es wäre doch gut, wenn ich es dir sagen würde, was soll ich machen? Möchtest du es hören?"

Die Bedeutung einer Frage wird man nur durch ihre Beantwortung erfahren. Oder etwas präziser: Um die Bedeutung einer Frage zu erfahren, muss man sich über das verständigen, was man als Bedeutung wahrgenommen hat.

Hilfreiche Provokation: Eine Provokation in einem Gespräch wirkt nur dann hilfreich, wenn sie auch als Provokation verstanden wird. Also der/die Provokateur/in so wahrgenommen wird, dass er/sie zum einen dem/der Provozierten wohlgesinnt ist und nicht wirklich die durch die Provokation ausgedrückte Meinung vertritt, sondern eigentlich ihr Gegenteil. Eine derartige Provokation bezieht sich darauf, das als problematisch und dominant beschriebene Verhalten noch zusätzlich zu verstärken. Dadurch wird sowohl dieses Verhalten parteilich aufgegriffen, als auch Partei

115

für den (provozierten) Protest dagegen ergriffen. Die Provokation gibt damit auf eine humorvolle Art und Weise Anregungen, die schwächere Position oder Seite zu stärken und berücksichtigt gleichzeitig die dominante Position. Eine solche Provokation wirkt infolge ihrer Allparteilichkeit therapeutisch.

Zeit

Was in der Vergangenheit richtig war, verkehrt sich oft für die Zukunft: Kinder haften für ihre Eltern. Der besondere Generationenvertrag.

N.N.

Freizeit sollte wie jede andere Tätigkeit in den Terminkalender eingetragen werden. Und es gilt: Wenn ein Termin belegt ist, ist er belegt.

Mit der Zeit verändert sich die Bewertung der Erfahrung: Ein Mensch bleibt stehen und schaut zurück und sieht, sein Unglück ist sein Glück.

Eugen Roth

An die Zukunft denken: Man kann nicht früh genug an später denken.

N.N.

Die Konstruktion der Vergangenheit:
- Jeder Mensch hat so viele Vergangenheiten, wie es Erzählungen über ihn gibt.
- Wenn über Vergangenes erzählt wird, entsteht im Moment des Erzählens die Vergangenheit neu.
- Wenn wir sowieso nicht eine, sondern unzählig viele Vergangenheiten haben, sollte man sich fragen, welche Vergangenheit wähle ich für welches Ziel?

Vergangenheit und Zukunft bestimmen die Gegenwart: Das, was gestern war, und das, was zukünftig erwartet wird, wirkt ins Heute hinein.

Arnold Retzer & Hans Rudi Fischer

Entwicklung ist unvermeidlich: Das Normale ist die Veränderung.

In unserem Geist existiert keine Einbahnstraße der Zeit: Vergangenheits-, Zukunfts- und Gegenwartskonstruktionen bestimmen sich gegenseitig.

Das Primat der Gegenwart: Jeder Mensch lebt in der Gegenwart und kann nicht anders als gegenwärtig zu leben. Die Bedeutung der Vergangenheit wird immer von der Gegenwart bestimmt.

Gunther Schmidt

Leben heißt Veränderung: Wenn es *einmal* geschmeckt hat, muss es nicht *immer* schmecken.

Die Erinnerung kann länger dauern als das erinnerte Ereignis: Erinnern Sie sich bewusst an jene Kindheitserfahrungen, die Sie stärkten, von denen Sie profitierten und die Ihnen das Gefühl vermittelten, angenommen und geliebt zu werden. Selbst wenn es nur Sekunden waren, können Sie aus ihnen Jahre machen, wenn Sie sich jahrelang daran erinnern.

Gewissen

Jeder Mensch ist gleichzeitig immer Teil eines größeren (sozialen) Systems. Solche für den Menschen relevante Systeme können als Zugehörigkeitssysteme bezeichnet werden. Diese Zugehörigkeitssysteme haben existentielle Bedeutung für menschliche Individuen. Sie prägen das Selbstwertgefühl, die eigene Identität, sorgen für Geborgenheit und sind für unsere Gewissensbildung in Vergangenheit, Gegenwart und Zukunft verantwortlich. Nur in Bezug zu solchen Zugehörigkeitsgefühlen können wir Schuld (Verstoß gegen die jeweiligen Regeln der Zugehörigkeitssysteme) bzw. Schuldlosigkeit (Erfüllung der jeweiligen Regeln der Zugehörigkeitssysteme) empfinden.

Die Sehnsucht nach Schuldlosigkeit wird scheinbar immer dann eingelöst, wenn man sich von einem/einer Führer/in *führen* lässt, *geführt wird*. Je vollständiger diese Führung ist, umso mehr werden die Geführten von Subjekten zu Objekten – mit den bekannten fatalen Folgen.

Vom Hören zum Gehorchen: Menschen leiden unter der Sehnsucht, schuldlos zu werden, was sie dazu treibt, auf Leute zu hören, die den Anschein erwecken, sie seien im Besitz der absoluten Wahrheit. Das Hören wird dann zu einem Gehorchen, indem sie den illusionären Versuch unternehmen, ihnen die Verantwortung für ihr Leben zu übertragen.

Terroristisches Gewissen: Wer sich zur Gemeinschaft von Terroristen zugehörig fühlt, entwickelt unweigerlich ein terroristisches Gewissen.

Der Habitus eines Gurus: Wer den Habitus eines Gurus einnimmt, indem er seine Wirklichkeitskonstruktionen und Überzeugungen als letzte im Augenblick aufscheinende phänomenologische Wahrheiten, die er apodiktisch verkündet, wird zum Guru, mag er das auch verneinen.

Gewissensbindung und Systemebenen: Die Gewissensbindung zu den unmittelbar nächsten Systemen ist am größten und nimmt bei wachsender Entfernung immer mehr ab. Wir fühlen uns also den untergeordneten Systemen verpflichteter als den übergeordneten Systemen, obwohl die übergeordneten Systeme Vorrang vor den untergeordneten Systemen haben.

Gewissen als systemisches Sinnesorgan: Das Gewissen des Menschen kann als systemisches Sinnesorgan aufgefasst werden, das die Aufgabe hat, sich schmerzhaft bemerkbar zu machen, wenn jemand durch sein Handeln gegen die Regeln eines seiner sozialen Zugehörigkeitssysteme verstößt.

Gewissen als Furcht vor Trennung und Verlust: Das Gewissen hält uns bei der Gruppe, wie ein Hund die Schafe bei der Herde. Doch wenn wir die Umgebung wechseln, wechselt es wie ein Chamäleon zu unserem Schutz die Färbung. Daher haben wir ein anderes Gewissen bei der Mutter und ein anderes beim Vater. Ein anderes in der Familie und ein anderes im Beruf. Ein anderes in der Kirche und ein anderes am Stammtisch. Immer aber geht es beim Gewissen um die Bindung und die Bindungsliebe, und um die Furcht vor Trennung und Verlust.

Bert Hellinger

Gewissen und menschliche Freiheit: Die Möglichkeit, ein schlechtes Gewissen bekommen zu können, ist Ausdruck menschlicher Freiheit. Ohne diese Fähigkeit, sich individuell frei und unabhängig von äußeren Forderungen zu verhalten – wenn auch mit dem Preis eines schlechten Gewissens –, hätten die Konzepte individueller Verantwortung und Schuld keine Berechtigung.

Die Konstruktion des Gewissens: Das Gewissen richtet sich nicht nach objektiv gegebenen Regeln und Normen, die Dazugehörigkeit definieren, sondern es orientiert sich allein an den Regeln und Normen, die der/die „Gewissensträger/in" glaubt, wahrnehmen zu können bzw. für wirklich hält. Damit sind für das Gewissen nur die verinnerlichten Regeln und Normen ausschlaggebend, die mit den äußeren nicht unmittelbar übereinstimmen müssen, sondern von ihnen nur angeregt werden. Die äußeren, objektiven Regeln und Normen bilden demnach die Umweltanregung für deren Verinnerlichung. Das autonome psychische System eines Menschen entscheidet dann darüber, wie es die Regeln und Normen konstruiert.

Gewissen als Trieb: Das Gewissen wird als Trieb, Bedürfnis und Reflex erfahren, es vermittelt Lust und Unlust.

Bert Hellinger

Gewissensbildung: Der Inhalt unseres Gewissens ist alles, was in den Jahren der Kindheit von uns ohne Grund regelmäßig gefordert wurde, durch Personen, die wir verehren oder fürchteten. Vom Gewissen aus wird also jenes Gefühl des Müssens erregt (‚dieses muss ich thun, dieses lassen'), welches nicht fragt: warum muss ich? ... Der Glaube an Autoritäten ist die Quelle des Gewissens: es ist also nicht die Stimme Gottes in der Brust des Menschen, sondern die Stimmen einiger Menschen im Menschen.

Friedrich Nietzsche

Gewissensfreiheit: Der Soziopath (Psychopath) und der Tyrann haben beide keine sozialen Gewissensbindungen – der eine aus Bindungslosigkeit, der andere weil er der Maßstab des Gewissens selbst ist. Ihr Gewissen ist deswegen vollkommen frei, ihr Handeln „unmenschlich" und skrupellos.

Loyalitäts- und Gewissensbindung: Die Stärke der Loyalitäts- bzw. Gewissensbindung hängt von folgenden Faktoren ab: Dem Grad der erlebten Abhängigkeit von dem betreffenden Zugehörigkeitssystem, dem Grad der Identifikation mit seinen Regeln und Normen, der erlebten Aufwertung durch die Mitgliedschaft zu dem betreffenden System, der Intensität der Beziehungen zu seinen Mitgliedern und der Identifikation mit den Zielen des Zugehörigkeitssystems.

Gesellschaftliche Einflussnahme: Ein Motiv, politisch zu handeln und auf die Gesellschaft Einfluss nehmen zu wollen, besteht in dem Bestreben, die Diskrepanz zwischen den gesellschaftlich bedingten Gewissensforderungen und dem, was wir als Gewissensforderungen aus anderen sozialen Systemen internalisiert haben, möglichst gering zu halten. Wenn sich diese Diskrepanz auflöst, können wir erst sowohl autonom (frei) handeln, als auch uns frei fühlen.

Schuld und Unschuld: Man muss wissen, dass wir Schuld und Unschuld in der Regel nur in Beziehungen erfahren. Schuld ist also auf den anderen bezogen. Schuldig fühle ich mich, wenn ich etwas tue, was der Beziehung zu anderen schadet, und unschuldig, wenn ich etwas tue, was der Beziehung zu anderen nützt. Das Gewissen bindet uns an die für das Überleben wichtige Gruppe, was immer die Bedingungen sind, die sie uns setzt. Es steht nicht über dieser Gruppe und nicht über ihrem Glauben oder Aberglauben. Es steht in ihren Diensten.

Bert Hellinger

Schuld und Macht: Wer anderen die Schuld gibt, gibt ihnen die Macht.

Wayne Dyer

Lösung der Gewissensbindung: Endet die konkrete bzw. virtuelle (emotional erlebte) Zugehörigkeit zu einem sozialen System, so schwinden auch alle Gewissensbindungen an dieses System. Keinem seiner Mitglieder fühlt man sich dann mehr verpflichtet. Was zuvor bei anderen vehement verurteilt und bekämpft wurde, das wird nach vollzogener Trennung selbst ungehemmt ausgeübt.

Gute Absichten: Viele große Katastrophen sind das Resultat guter Absichten.

Fritz Simon

Schuld und Unschuld oder die Bedingungen der Bindung, des Ausgleichs und der Ordnung:

- Wenn sie der Bindung dient, fühlen wir die Schuld als Ausschluss und als Ferne, und die Unschuld als Geborgenheit und Nähe.
- Wenn sie dem Ausgleich dient, fühlen wir die Schuld als Pflicht, und die Unschuld als Freiheit oder Anspruch.
- Wenn sic dcr Ordnung dient, fühlen wir die Schuld als Übertretung und als Furcht vor Strafe und die Unschuld als Gewissenhaftigkeit und Treue.

Bert Hellinger

Anmaßung des Nationalsozialismus und Gewissensbindung: Das eigentliche Verbrechen der Nationalsozialisten, aus dem sich meines Erachtens alle anderen ableiten, besteht in einer solchen Verletzung der natürlichen Ordnungshierarchie dieser ineinander geschachtelten und ungleichwertigen Systeme. Denn die Nationalsozialisten erklärten mit ihrer Rassenideologie eine Rasse – oder das, was sie dafür hielten – für auserwählt und über anderen Ethnien stehend. Sie waren Teil der Menschheit, stellten sich aber über sie. Implizit erklärten sie sich durch diese Anmaßung gleichzeitig für nicht mehr zur Menschheit gehörig. Dialektisch lässt sich formulieren: Indem sie andere von der Zugehörigkeit zur Menschheit ausschlossen, schlossen sie sich selbst aus. Das hatte aber zusätzlich noch den fatalen Effekt, dass die Gewissensbindung zu ethischen Prinzipien der gesamten Menschheit schwächer wurde und die zu dem nationalsozialistischen System immer größer.

Schuldlosigkeit und Mord: In seiner ganzen Tragweite bedeutet die – konstruktivistisch zu begreifende – Kontextabhängigkeit des Gewissens, dass man die schlimmsten Taten wie Verbrechen gegen die Menschlichkeit (oder besser: Menschheit), Mord, Vergewaltigung oder Folter dann mit einem reinen Gewissen verüben kann, wenn man glaubt, dass die Mehrheit der Mitglieder des dominanten eigenen Zugehörigkeitssystems diese Verhaltensweisen gut heißen und/oder von einem fordern. Indem man sich im Einklang mit den Regeln und Normen des eigenen Zugehörigkeitssystems wähnt, fühlt man sich beim Morden schuldlos und frei, beim Lebenlassen schuldhaft und unfrei.

Maßstab für das Gewissen also ist, was in der Gruppe, der wir angehören, gilt. Daher haben Menschen, die aus unterschiedlichen Gruppen kommen, auch unterschiedliche Gewissen, und wer mehreren Gruppen angehört, der hat für jede Gruppe auch ein anderes Gewissen.

Bert Hellinger

Sich frei fühlen und frei handeln: Mit den anderen in deren Meinungen, Anschauungen und Handlungsweisen eins zu sein, bedeutet einerseits, subjektiv das Gefühl der Schuldlosigkeit und Freiheit entwickeln zu können, sich als frei zu erleben, obwohl wir im höchsten Grade unfrei handeln. Andererseits erleben wir uns im höchsten Grade unfrei, wenn wir das Gefühl haben, alleine gegen alle anderen zu stehen, obwohl wir gerade dann besonders frei handeln.

Gewalt und individuelles Gewissen: Um gewalttätige Handlungen und Übergriffe welcher Art auch immer zu verhindern, sind Appelle an das Gewissen dann wirkungslos, wenn der/die Appellierende nicht zum gleichen Zugehörigkeitssystem gehört wie der/diejenige, an den/die appelliert wird. In gleicher Weise und aus den gleichen Gründen unsicher ist es, Vertrauen auf das individuelle Gewissen eines Menschen zu setzen.

Der Verlust des Gewissens: Um sich seines Gewissens zu entledigen, muss man entweder jede Zugehörigkeit bzw. jedes Zugehörigkeitsgefühl zu einer menschlichen Gemeinschaft verloren haben oder man fungiert selbst als Gewissen für ein bestimmtes soziales System, indem man zum unumschränkten Anführer bzw. Herrscher dieses Systems wird.

Reines Gewissen als Voraussetzung des Nationalsozialismus: Während der Zeit des Nationalsozialismus konnten Millionen Menschen kaltblütig und skrupellos ermordet werden, nicht weil das Gewissen versagte, sondern – im Gegenteil – weil es in einem erschreckendem Sinne hervorragend funktionierte in seiner Loyalität zur so genannten deutschen Volksgemeinschaft.

Gewissen schließt ein und aus: Wo das Gewissen bindet, grenzt es auch ein und aus. Oft müssen wir daher, wenn wir bei unsrer Gruppe bleiben wollen, anderen, nur weil sie anders sind, die Zugehörigkeit, die wir für uns in Anspruch nehmen, verweigern oder aberkennen. Dann werden wir, durch das Gewissen, für die anderen furchtbar. Denn was wir uns selbst als schlimmste Folge einer Schuld und als äußerste Bedrohung fürchten, das müssen wir im Namen des Gewissens anderen, nur weil sie anders sind, wünschen oder antun: den Ausschluss aus der Gruppe. Doch so wie wir mit ihnen, verfahren andere im Namen des Gewissens auch mit uns. Dann setzen wir uns gegenseitig für das Gute eine Grenze, und für das Böse heben wir, im Namen des Gewissens, diese Grenze auf.

Schuld und Unschuld sind also nicht dasselbe wie Gut und Böse. Denn oft vollbringen wir die schlimmen Taten mit gutem Gewissen, und die guten Taten mit schlechtem Gewissen. Wir vollbringen die schlimmen Taten mit gutem Gewissen, wenn sie der Bindung an die für unser Überleben wichtige Gruppe dienen, und wir vollbringen die guten Taten mit schlechtem Gewissen, wenn sie die Bindung an diese Gruppe gefährden.

Bert Hellinger

Verbrechen gegen die Menschlichkeit: Verstoßen Gesellschaften (Ethnien oder Staaten) gegen die Regeln, die das Zusammenleben der Völker regulieren, so gefährden sie ihre Zugehörigkeit zur Staatengemeinschaft. Gesellschaften, die sich über andere erheben, wie es in extremer Weise im Dritten Reich der Fall war, machen sich somit schuldig an der gesamten Menschheit durch Verbrechen gegen sie. In diesen Fällen hat die Staatengemeinschaft das Recht, in die Souveränität einer solchen Gesellschaft einzugreifen.

Nicht den Ast absägen, auf dem man sitzt: Achtet und respektiert die Menschheit die Grenzen nicht, die das ihr übergeordnete Ökosystem der Natur ihr setzt, wird sie nicht überleben können.

Soziale Kontrolle kann sehr wohl zu einer hilfreichen Veränderung führen.

Arnold Retzer

Hierarchie unterschiedlicher Systemebenen: Bestimmte Systeme können als Elemente wiederum anderer übergeordneter Systeme betrachtet werden: Elementarteilchen bilden das System „Atom", Atome das System „Molekül", Moleküle das System „bestimmter Zellorgane", Zellorgane das System „Zelle", Zellen das System „bestimmter Organe", Organe das System „Mensch", Menschen das System „Familie" (oder Sippe), Familien das System „Gemeinschaft", Gemeinschaften das System „Gesellschaft", Gesellschaften das System „Menschheit" und die Menschheit ist ein Teil des Systems „Natur". Die untergeordneten Systeme können nur überleben, wenn sie sich in den Begrenzungen der übergeordneten Systeme bewegen, wobei – zumindest in der Menschenwelt – die untergeordneten Systeme die übergeordneten Systeme in ihrer Struktur und Organisation verändern können.

Führer befiehl, wir folgen dir: Der Führer verführt die Massen, indem er ihnen die Illusion der Schuldlosigkeit verspricht. Die Massen verführen den Führer, indem sie ihm die Illusion absoluter Macht versprechen.

Wie ich dir, so ich mir: Eine rechtsradikale bzw. faschistische Weltanschauung transportiert nicht nur ein Mordprogramm gegen andere, sondern auch ein Selbstmordprogramm als Ausdruck eines immensen Selbsthasses.

Sein und Bewusstsein: Faktisch hat der Idealismus in seiner pervertiertesten Form, nämlich dem Faschismus, den Materialismus widerlegt, denn er hat in entsetzlicher Weise gezeigt, dass nicht allein die ökonomischen Verhältnisse das Bewusstsein bestimmen, sondern auch immaterielle, im negativen Sinne idealistische. Der sich absolut setzende Materialismus und der sich absolut setzende Idealismus sind die extremen Enden der Gesellschaftstheorie.

Dieser Extremismus wird durch die Dialektik zwischen Sein und Bewusstsein aufgehoben. Demnach gilt: Das Sein bestimmt das Bewusstsein *und* das Bewusstsein bestimmt das Sein.

„Wahrheit", Schuldlosigkeit und Glückseligkeit: Schuldlosigkeit verspricht der Führer dadurch, dass er Glauben macht, er allein kenne die Wahrheit. Deshalb brauche man ihm nur zu folgen und auf die von ihm verkündete Botschaft zu vertrauen, um einen Zustand vollkommener Glückseligkeit zu erreichen: Fatalerweise gibt das Gefühl vollkommener Schuldlosigkeit infolge absoluter Verantwortungsübergabe bzw. Verantwortungslosigkeit einen realen Vorgeschmack auf diese Glückseligkeit.

Sekten- und Führerkulte werden motiviert von der Sehnsucht, einen Zustand der Schuldlosigkeit zu erreichen. Wie die Geschichte gezeigt hat, haben solche Gruppierungen die Tendenz, die Erde in eine Hölle zu verwandeln.

So wie es eine Schwarze und Weiße Magie gibt, gibt es auch eine Schwarze und Weiße Systemik: Der deutsche Faschismus hat gezielt die systemische Natur des Menschen berücksichtigt, indem er mit seinen Massenveranstaltungen, Ritualen, Symbolen und Heilsversprechungen, seiner Sprache und Mythologie ein Zugehörigkeitsgefühl geschaffen hat, das stärker als die Familienbande wirkte. Wenn man das Gefühl hat, alle sind einer Meinung, nämlich der Meinung des Führers, kann man kein Unrechtsbewusstsein entwickeln und die schlimmsten Verbrechen werden – wie die Geschichte gezeigt hat – möglich.

Das Anerkennen, nicht das Leugnen von Schuld gibt dem Menschen Würde: Wenn Deutschland einen würdigen Platz in der Geschichte der Welt einnehmen will, darf die mahnende Erinnerung an die Zeit der Henker und die damit verbundene Schuld niemals verblassen.

Ethik

Jeder Mensch ist in gleicher Weise sowohl für sein Bewusstes als auch sein Unbewusstes verantwortlich: Der Inhalt und die Organisation des Unbewussten wird bestimmt davon, wie jemand auf der bewussten Ebene mit sich, d.h. seinen Bedürfnissen und Ansprüchen umgeht. Aus diesem Grunde hat jeder Mensch Verantwortung auch für seine unbewussten Prozesse, die damit nichts ent-schuldigen können.

Verantwortung und Kontrolle: Man kann nur die Verantwortung für das übernehmen, was man kontrollieren kann.

Arnold Retzer

Etwas tun müssen: Wenn man etwas muss, muss man für das, was man muss, keine Verantwortung übernehmen. Mein Vater sagte oft zu mir: „Man muss überhaupt nichts – außer sterben."

Toleranz und Intoleranz: Manchmal ist Toleranz Intoleranz.

Selbstverantwortlichkeit: Letztendlich ist jeder für sich selbst verantwortlich, was aus ihm gemacht wird.

Jean Paul Sartre

Wahrheit oder Unwahrheit sind ungeeignete moralische Kategorien: Es spielt keine Rolle, ob Geschichten wahr sind oder nicht, es kommt darauf an, ob sie für ein bestimmtes Ziel hilfreich bzw. günstig sind. Ob wiederum ein Ziel ethisch gerechtfertigt ist, hängt davon ab, ob es die Zahl der Optionen bei seiner Erreichung vergrößert und damit im Einklang mit übergeordneten Systemen ist.

Geistige Brandstiftung: Jede Gesellschaft definiert selbst die gültigen Regeln und Normen des Zusammenlebens. Dadurch konstruiert sie die individuellen Gewissensforderungen eines jeden Gesellschaftsmitglieds mit. Das, was von der Mehrheit einer Gesellschaft selbstverständlich für gut und richtig empfunden zu werden scheint, bestimmt die Inhalte des individuellen Gewissens in entscheidendem Ausmaß. Jede Gesellschaft trägt somit die Mitverantwortung, wenn individuelle oder organisierte Gewalt – in welcher Form auch immer – ausgeübt wird. Repräsentant/inn/en der Gesellschaft und Personen des öffentlichen Lebens tragen als Gewissensbildner/innen eine besondere Verantwortung. Im Extrem können beispielsweise verbalradikale und Ressentiments schürende Reden zu Auslösern von Anschlägen werden. In diesem Zusammenhang ist der Begriff der geistigen Brandstiftung mehr als berechtigt.

Es ist aus ethischer Perspektive hinsichtlich möglicher Auswirkungen ein entscheidender Unterschied, ob etwas gedacht oder gesagt wird: Die Gedanken sind frei, d.h. schuldlos. Die Rede ist das nicht. Sie kann eine geistige Brandstiftung sein, ohne die von mehreren begangene Übeltaten nicht verübt werden könnten. Hätte es keine geistigen Brandstiftungen gegeben, das Dritte Reich hätte niemals existiert – und auch die rassistischen Übergriffe der jüngeren bundesrepublikanischen Geschichte wären nicht in diesem Maße aufgetreten.

Hass und Gleichgültigkeit: Nicht Hass ist das Gegenteil von Liebe – sondern Gleichgültigkeit!

Eli Wiesel

Die Konstruktion von Verantwortlichkeit oder: Auf den Zweck und die Perspektive kommt es an: Will man gesellschaftliche Verhältnisse optimieren, empfiehlt es sich, davon auszugehen, Menschen als Opfer ebendieser Verhältnisse zu begreifen, die durch sie determiniert werden. Aus dieser Perspektive tut man etwas für jede/n Einzelne/n, indem man seine Bedingungen verbessert. Hier sind die Verhältnisse die Verantwortungsträger. Die Menschen müssen in *diesem* Fall als unfrei begriffen werden, um ihre Freiheit zu vergrößern.

Will man individuelle Prozesse optimieren, empfiehlt es sich davon auszugehen, dass der/die Einzelne auch unter den widrigsten Umständen und gesellschaftlichen Bedingungen sein/ihr Leben selbst und vollkommen frei im Sinne eines/einer allein verantwortlichen Akteurs/Akteurin gestalten kann.

Verantwortungsethik: Ethik des Handelns, die bei Entscheidungen vorhersehbare Folgekosten wie mögliche Nebeneffekte berücksichtigt und bereit ist, die Verantwortung für die Konsequenzen des eigenen Handelns zu tragen.

Max Weber

Wahrheit und Lüge: Manchmal bewirkt eine Lüge Wahrheit und Wahrheit Lüge.

Das Gute: Gut ist, was – im Sinne von ERNST VON GLASERSFELD – fit macht.

Trauer und Entrüstung: Trauer versöhnt. Entrüstung macht es immer schlimmer.

Bert Hellinger

Naturzwang kann nicht gebrochen werden: Jeder Versuch, den Naturzwang zu brechen, indem Natur gebrochen wird, gerät nur um so tiefer in den Naturzwang hinein.

Horkheimer & Adorno

Globale Ethik: Die systemisch abgeleiteten ethischen Prinzipien gründen in den Regeln, welche die Zugehörigkeit zu den jeweils übergeordneten sozialen und natürlichen Systemen definieren. Mittlerweile hängt das Überleben der ganzen Menschheit von der – ich will es mal provokant formulieren – systemischen Demut vor der Natur und den Grenzen, die sie uns setzt, ab.

Auffälliges Verhalten: Was öffentlich auffällt, ist fast immer gefährlich.

Fritz Simon

Böses tun und Böses zulassen: Die Welt wird nicht bedroht von den Menschen, die böse sind, sondern von den Menschen, die Böses zulassen.

Albert Einstein

Ethisch irreversible Handlungen: Es gibt Handlungen, die wieder gutzumachen sind, und solche, für die es keine angemessene Wiedergutmachung gibt, wie z.B. für Mord, Totschlag oder einem/einer anderen zugefügte irreparable körperliche Schäden. Die einzig angemessene Form – neben den in solchen Fällen unvollkommenen Wiedergutmachungsleistungen –bei diesen Handlungen besteht darin, mit dem Bewusstsein zu leben, diese Schuld nicht mehr loswerden zu können, also mit der Schuld zu leben.

Ökologisches Handeln: Ökologisch schädliches ist antiökonomisches Handeln.

Weniger zu schaden, zieht noch keinen Nutzen nach sich: Woher kommt eigentlich der Glaube, dass man mit weniger Schadstoffemissionen etwas für seine natürliche Umwelt getan hätte?

131

Probleme und ihre Lösungen

Lösungen

Krisen sind Chancen: Wo aber Gefahr ist, wächst / Das Rettende auch.

Johann C. F. Hölderlin

Von der Problem- zur Lösungsphysiologie: Rufen Sie sich das Problemerleben wieder in Erinnerung und nehmen Sie die dazugehörende Problemphysiologie (Körperhaltung, Atmung etc.). Gehen Sie dann aus der Problemphysiologie und stellen Sie sich die mögliche Lösung(svision) vor. Welche Körperhaltung und Atmung würde dazu passen (Lösungsphysiologie)? Nehmen Sie nun diese Körperhaltung und Atmung ein.

Treten Sie dann auch aus dieser heraus und verkoppeln die Problem- mit der Lösungsphysiologie, indem Sie zuerst die problematische Körperhaltung und dann die Lösungshaltung einnehmen.

Machen Sie eine Pause und wiederholen Sie diesen Vorgang mehrmals, so dass sich die Problemphysiologie unwillkürlich und automatisch mit der Lösungsphysiologie verbindet. In der problematischen Situation wird sich dann ganz von selbst Ihr Körper daran erinnern, die Lösungshaltung einzunehmen.

Problemaufrechterhaltung und sozialer Konsens: Sozialer Konsens ist oft das Muster zur Aufrechterhaltung des Problems.

Arnold Retzer

Schwer aber machbar: Ich verspreche nicht, dass eine Lösung leicht zu realisieren ist, denn wenn sie leicht wäre, hätten Sie sie schon längst gelebt. Sie ist aber machbar (Andernfalls handelte es sich um eine Restriktion – K.M.).

Gunther Schmidt

Probleme sind Lösungen: Jedes Problem bzw. psychisches Symptom ist eine Lösung für einen zugrunde liegenden internen bzw. externen Konflikt.

Zwei prinzipielle Möglichkeiten der Lösung psychosozialer Probleme:
1. Ich verhalte mich so, dass ich vom negativen Ist-Zustand in den positiven Soll-Zustand komme.
2. Zweitens: Ich verändere meine Sichtweise, indem ich den Ist-Zustand nicht mehr negativ, sondern positiv bewerte.

Häufig kann man die erste Möglichkeit erst dann vollziehen, wenn man die zweite und häufig schwierigere Möglichkeit, also die Wertschätzung des Problems selbst, geleistet hat.

Die Lösung langwieriger Probleme: Um ein langwieriges Problem zu lösen, gilt in der Regel: Es ist einfach, aber nicht leicht.

Die *Konstruktivität* eines Problems: Jedes Problem ist eine im Doppelsinne „konstruktive Leistung".

Gunther Schmidt

Wer ein Problem haben will, benötigt eine Menge Kompetenzen:
- Er muss etwas wollen, zumindest etwas anderes, als er durch das Problem bekommt.
- Er muss eine Ist-Soll-Diskrepanz konstruieren und wahrnehmen.
- Er muss ein Ziel haben.
- Er muss die Fähigkeit haben, mit dem Problem in welcher Weise auch immer umzugehen, woraus wieder neue Kompetenzen erwachsen.

Für eine „Lösung" reicht einer: Man braucht niemanden, um etwas zu lösen, außer sich selbst.

Bert Hellinger

Manchmal ist weniger Bedeutung mehr: Man muss nicht jeden Furz, den man getan hat, in sein Leben integrieren.

Arnold Retzer

Eine globale Wahrnehmung führt zu einer undifferenzierten (globalen) und problematischen Verhaltensweise. Wenn man gegen eine derartige Wirklichkeitskonstruktion argumentiert, erreicht man in der Regel das Gegenteil des Beabsichtigten. Sinnvoller kann es deswegen sein, sie humorvoll und wohlwollend so zu übertreiben, dass der Betreffende sich genötigt sieht, seine eigene Wahrnehmung zu differenzieren.

Frank Farrelly

Kompetenzen: Wenn man einmal eine bestimmte Kompetenz für einen bestimmten Zeitraum gezeigt hat, so ist diese Kompetenz immer abrufbar.

Gunther Schmidt

Ziele oder Arbeit: Wer an die Erreichung seines Zieles denkt, wird sein Ziel erreichen. Wer stets an viel Arbeit denkt, wird viel Arbeit haben.

J. Siewert

Problemlösungskompetenz: Jemand, der die Fähigkeit hat, ein psychosoziales Problem bewusst oder unbewusst zu produzieren, hat auch die Kompetenz, es zu lösen.

Druck erzeugt Gegendruck: Je stärker du drückst, desto stärker schlägt das Symptom bzw. System zurück.

Eine schwere Übung: Worum geht es bei jeder Symptomatik? Eine Wirklichkeitskonstruktion zu entwickeln, die es einem ermöglicht, zunächst sein Symptom freundlich zu begrüßen.

Pragmatische Grundsätze:
- Löse keine Probleme, die keine sind.
- Wenn etwas funktioniert, mache mehr davon.
- Wenn etwas nicht funktioniert, lass es sein und mache etwas anderes.

Symptom und systemisches Know-how: Jedes Symptom ist ein Lösungsversuch; darin enthalten ist systemisches Know-how in der Beziehungsgestaltung.

Gunther Schmidt

Jedes Symptom ist eine Informationsbörse für Sehnsüchte und Bedürfnisse.

Gunther Schmidt

Vom Problem- zum Lösungsopfer: Symptome und hypnotische Erlebensweisen werden durch gleiche Sprachmuster beschrieben: Etwas passiert einem ganz unwillkürlich. Die Angst, der Zwang, unangenehme Vorstellungen etc. kommen einfach wie von selbst über einen. Es geht dann darum, diese unwillkürlichen Muster zu unterbrechen, indem sie zunächst bewusst herbeigeführt bzw. verändert werden. Dadurch wird man von einem Problemopfer zu einem Problemtäter, was die Voraussetzung ist, um Lösungstäter zu werden. Die Lösungstäterschaft ist dann die Bedingung, um zum Lösungsopfer zu werden, bei dem sich nun die Lösung ganz unwillkürlich und wie von selbst vollzieht.

Problemaufrechterhaltung: Bei Problemprozessen gilt: Raus aus der Problemhypnose und hinein in die Lösungtrance, also von unwillkürlichen zu willkürlichen Prozessen: Was muss man tun, um ein Problem aktiv aufrecht zu erhalten?

Gunther Schmidt

You can leave your problems, if you leave: Kein Mensch kann unter veränderten Kontextbedingungen der gleiche bleiben. Häufig kann man durch eine bloße Ortsveränderung seine Probleme loswerden bzw. lösen – von wegen, dass man seine Probleme immer mitnähme. Manchmal können jedoch Ortsveränderungen erst zu Problemen führen, die man vorher nicht hatte.

Beunruhigende Ansichten: Die Menschen werden nicht durch die Ereignisse sondern durch ihre Sicht der Ereignisse beunruhigt.

Epiktet

Vom Zukunftsopfer zum Zukunftstäter: Die Zukunft kommt nicht auf einen zu, sondern man selbst geht der Zukunft entgegen.

Arnold Retzer

Bewusstseinszustand und Körperhaltung: Immer wenn sich der Bewusstseinszustand ändert, ändert sich automatisch die Physiologie und die Körperhaltung.

Gunther Schmidt

Schwierige Probleme sind oft schneller zu lösen als leichte, weil der archimedische Punkt der Problemlösung schneller gefunden werden kann.

Problemaufrechterhaltung: Lösungsversuche eines Problems sind entweder Problem aufrechterhaltend oder eine Lösung.

Gunther Schmidt

Lösungskompetenz: Wenn du so tust, als könntest du es lösen, dann vergrößert das deine Kompetenz, es wirklich zu lösen.

Gunther Schmidt

Manchmal führt eine Restriktion zur Lösung: Manchmal können lösbare Probleme erst dann gelöst werden, wenn sie als unlösbar betrachtet werden und wie Restriktionen behandelt werden. Im Umgang mit dem Problem als Restriktion liegt dann oft die Lösung.

Ohne Lösung kein Problem: Um ein Problem zu bekommen, muss man erst seine Lösung haben.

Symptome als Beziehungsgestalter: Menschen, die unter spezifischen Symptomen leiden, können sich im Allgemeinen nicht unmittelbar und nicht ohne weiteres gegen ihre symptomproduzierende Kreativität in Beziehungen wehren, da die Symptomproduktion unbewusst bzw. unwillkürlich erfolgt. Das Symptom übernimmt dann oft lebenswichtige Aufgaben in der Beziehungsgestaltung zu anderen.

Wer an der falschen Stelle sucht, kann lange suchen: Neue Probleme können entstehen, wenn man Probleme in einem System zu lösen versucht, zu dem sie nicht gehören.

Arnold Retzer

Alles im Leben hat seinen Preis – auch die Lösung eines Problems: Ohne Preis gibt es keine Lösung: Was muss man für die Lösung eines Problems in Kauf nehmen? Welche Vorteile hat die Nicht-Veränderung? Welche Nachteile die Veränderung?

Das Wissen des Guten als Voraussetzung eines Problems: Probleme entstehen, weil die Leute schon längst wissen, was gut für sie wäre, aber es sich nicht erlauben.

Gunther Schmidt

Psychische Symptome verstärken problematische Verhaltens- -oder Erlebensweisen und weisen in der Regel auf das Gegenteil hin, machen also sichtbar, dass etwas – und auch was – falsch läuft.

Geteiltes Leid ist oft doppeltes Leid.

Problemlösende Ignoranz: Die meisten Probleme lösen sich durch Ignorieren. In dieser Disziplin zeigen sich viele Politiker/innen als wahre Meister/innen.

Bevor man etwas ändert, sollte man die Auswirkungen und die Kosten der Veränderung berücksichtigen: Die Therapie/Kur kann schlimmer sein als das Problem/die Krankheit.

Was gestern gut und richtig war, muss das heute längst nicht mehr sein: Die Probleme heute beruhen auf den Lösungen von gestern.

Peter Senge

Das Gesicht wahren: Nur wer sein Gesicht wahren kann, kann sich auch verändern.

Der Trampelpfad des Problemfeldes: Wenn man sich im Problem bewegt, dann fallen einem nur Dinge ein, die zum Trampelpfad des Problemfeldes gehören.

Gunther Schmidt

Probleme und Symptome sind sinnvoll: Ein psychisches Symptom oder Problem ist da, um auf die Bedingungen hinzuweisen und sie anzuregen, die es braucht, um sich verabschieden zu können.

If you want to succeed, you have to know how to fail: Eine Geschichte ist erst dann zu Ende erzählt, wenn sie die schlimmste Wendung genommen hat: Was wäre die schlimmste Auswirkung Ihres Konflikts, Problems oder Symptoms? Es kann eher gesagt werden, wie etwas schief geht, als wie es richtig gehen soll.

Arnold Retzer

Eine Lösung zweiter Ordnung besteht darin, sowohl die Vorteile des Problems bzw. seine Möglichkeiten als auch die Vorteile der Lösung bzw. ihre Möglichkeiten zu nutzen. Aus diesem Grunde sollte man sich vor jeder Lösung folgende Fragen stellen: Was ermöglicht dir der Konflikt bzw. das Problem? Was verlierst du, wenn du den den Konflikt bzw. das Problem lebst? Was ermöglicht und was nimmt dir aber auch die Lösung?

Damit besteht die Lösung zweiter Art nicht in der bloßen Lösung eines Problems, sondern in einer Problem-Lösungs-Balance, die sowohl die positiven Auswirkungen des Problems als auch die der Lösung berücksichtigt.

Allein die Beschreibung von etwas ermöglicht seine Veränderung: Je genauer Handlungen beschrieben werden, umso mehr kann man sich dieser Handlungen bewusst bemächtigen. Aus diesem Grunde empfehlen sich beispielsweise folgende Fragen:

- Was müssten Sie tun, um zu garantieren, dass Sie beim nächsten Einkauf garantiert nicht mitbekommen, dass Sie Alkohol (Schokolade etc.) gekauft haben?
- Was müssten Sie tun, um sicherzustellen, dass Sie mit Angst und Panik reagieren, wenn Sie in ein Flugzeug steigen?
- Woran würden Sie merken, dass Sie Ihren Mann bzw. Ihre Frau nicht mehr lieben?
- Woran würden Sie merken, dass Sie nicht mehr miteinander kooperieren?

Man muss das Problem nicht kennen, um zu einer Lösung beizutragen: Wenn man das Problem sehr gut kennt, kann es sein, dass einem nichts mehr zur Lösung einfällt.

Problemerhaltung und Lösungsermöglichung: Bevor ein Problem gelöst werden kann, muss man von der Problemerhaltungstheorie zur Lösungsermöglichungstheorie kommen.

Arnold Retzer

Die Lösung ist das Problem: Ohne Lösung kein Problem.

Lösungsverlust: Jede Lösung impliziert auch immer eine Loslösung, einen Verlust.

Psychische Rekonvaleszenz: Gerade bei langwierigen bzw. schwerwiegenden Symptomatiken bzw. Problemen empfiehlt sich eine Rekonvaleszenzzeit, in der man sich auch ohne Symptom/Problem so verhält, als hätte man es immer noch. Schließlich weiß jedes Kind, dass bestimmte Symptome wie körperliche Krankheiten eine Zeit der Rekonvaleszenz benötigen, um ganz „ausheilen" zu können. Aus diesem Grunde ist es legitim – gerade bei psychischen Problemen, die ein/e andere/r ja nicht sehen kann

–, dafür zu sorgen, dass andere rücksichtsvoll mit einem umgehen, indem man sich noch nicht gleich symptomfrei zeigt, obwohl man es ist.

Symptom als Lösung: Im Symptom selbst liegt die Lösung für seine Verabschiedung. Wer sich genau das geben kann bzw. dafür sorgt, dass andere ihm das geben, was er bekommt (je nachdem: Zuwendung, Auszeit, Schonung, Abgrenzung etc.), wenn das Symptom sich zeigt, wird nach einer Weile bemerken, dass es sich mehr und mehr zurückzieht.

Bei unmerklichen Veränderungen können sich unmerklich Symptome entwickeln, so dass Gründe, Erleben und Auswirkungen oft nicht sofort bewusst werden. Deshalb hilft hier häufig die Frage: „Was müsste man tun, um das betreffende Symptom garantiert zu bekommen?"

Lösung zweiter Ordnung: Es geht nicht darum, etwas (ein Symptom oder Problem) ein für allemal wegzumachen, sondern darum die Wahlfreiheit zu erhöhen.

Gunther Schmidt

Ein Problem ist eine Beobachtungsleistung, denn es braucht einen Beobachter, der aus einer Tatsache ein Problem macht.

Arnold Retzer

Ohne Ziele auch keine Probleme: Wenn jemand nicht weiß, welches Ziel er hat, stellt sich sofort die Frage, wie es dann zu einem Problem gekommen ist.

Shit happens – lasst uns Dünger draus machen.

N.N.

Problemaufrechterhaltung ist ein aktiver Prozess: Um ein Problem aufrechtzuerhalten, muss man aktiv etwas tun, sonst könnte es passieren, dass es mit der Zeit einfach von selbst verschwindet.

(In-)Kompetenzen: Nichts ist per se eine Kompetenz oder eine Inkompetenz. Es kommt darauf an, welches Ziel bestimmte Verhaltensweisen erreichen sollen.

Gunther Schmidt

Man muss die Ursache eines Problems nicht kennen, um es zu lösen: Manchmal verhindert oder erschwert das Wissen um die Ursachen eines Problems seine Lösung.

Symptome als Hinweise für Kompetenzen: Um ein Symptom zu produzieren, werden bestimmte bewusste und unbewusste Fähigkeiten, Kompetenzen und Ressourcen benötigt. Fragen Sie sich deshalb, was Sie tun müssten, um das symptomatische Verhalten bewusst herbeizuführen, dabei werden Sie auf nützliche Kompetenzen stoßen.

Erinnern nur um der Erinnerung willen, bringt nichts. Es kommt darauf an, welchen Zweck man mit der Erinnerung verfolgt.

Vergessen und Erinnern: Um nicht an ein rosa Kaninchen zu denken, empfiehlt es sich an einen gestreiften Tiger zu denken. Umgekehrt gilt, will man sich an bestimmte Vorstellungen erinnern, muss man sich von anderen entfernen.

Lösung von Ambivalenzkonflikten: Bei Ambivalenzkonflikten, wo sich jemand weder für das Entweder noch für das Oder entscheiden kann, liegt die Lösung zweiter Ordnung in der Ablehnung des Wählenmüssens, d.h. im Akzeptieren der Ambivalenz.

Die Lösung zweiter Ordnung besteht darin, beide Seiten eines Konfliktes zu würdigen. Die Lösung erster Ordnung, die immer ein Beitrag zur Aufrechterhaltung des Problems darstellt, besteht darin, den Konflikt dadurch zu beenden, dass eine Seite kaltgestellt werden soll, was langfristig immer scheitern muss.

Zur Lösung kommen: Es mag zwar einfach sein, zur Lösung zu kommen, was aber nicht heißt, dass es auch leicht ist.

Noch **keine Lösung in Sicht**: Gehen Sie nicht davon aus, dass Sie keine Lösung finden werden. Wenn Sie keine Lösung haben, dann heißt das nur, dass Sie *noch* keine Lösung gefunden haben.

Veränderung tut Not: Ich kann freilich nicht sagen, ob es besser werden wird, wenn es anders wird; aber so viel kann ich sagen, es muss anders werden, wenn es gut werden soll.

Georg Christoph Lichtenberg

Nicht reparieren: If it works, don't fix it.

N.N.

Gesundheit ist eine „Fehl"-diagnose. Gesundheit lässt sich nicht positiv formulieren. Gesundheit merkt man daran, dass man nichts merkt.

Arnold Retzer

Bei Alpträumen, aus denen man erwacht, ist es hilfreich, sie im Wachen weiterzuträumen und zu einem guten Ende zu bringen.

Schlaflosigkeit: Ein an Einschlafschwierigkeiten leidender Mann kann deswegen nicht schlafen, weil er denkt, dass er einschlafen müsse. Die Lösung zweiter Ordnung besteht darin, ihn daran zu hindern, einschlafen zu wollen. Oder anders formuliert: Die beste Möglichkeit, hellwach zu bleiben, besteht darin zu versuchen, sich zum Einschlafen zu zwingen.

Mach mal eine Pause: Oft hilft eine Pause bei Konzentrationsproblemen.

Prüfungsangst: Um die Schrecksekunde beim Blick auf die Armbanduhr zu vermeiden, sollten Sie eine Uhr gut sichtbar vor sich hinstellen – die Zeit wird dadurch langsamer für Sie vergehen. Für ein positives und zuversichtliches Gefühl sollten Sie ein passendes Symbol finden, das Sie sich dann als Maskottchen mit in die Prüfung nehmen. Es wird Sie an Ihre Stärken erinnern.

Ortwin Meiss

Spezifizieren, Vervollständigen und Konkretisieren: Unlösbare Probleme entstehen durch Generalisierung, Tilgung und Verzerrung. Damit sie gelöst werden können, muss man sie spezifizieren, vervollständigen bzw. konkretisieren.

Richard Bandler & John Grinder

Lösungsgrundsätze:

- Wenn etwas funktioniert, mach' mehr davon!
- Wenn etwas nicht funktioniert, lass es sein.
- Löse keine Probleme, die keine sind.

N.N.

Zeit heilt: Zeit löst – ob man will oder nicht – jedes Problem.

Sich der Verführung der Symptome entziehen: Ein Symptom verführt andere in der Regel dazu, sich so zu verhalten, dass sie es speisen, aufrechterhalten bzw. verstärken. Die Lösung besteht dann oft darin, so auf das Symptom zu reagieren, dass man gerade das Gegenteil von dem tut, was selbstverständlich erwartet wird:

- Bei **Depressionen**: Wie kommt es, dass du nicht noch depressiver reagierst? Ich traue dir zu, dass du es auch alleine schaffst. Woher nimmst du die enorme Energie, um so niedergeschlagen zu sein? Was müsstest du tun, um noch depressiver zu werden?
- Bei **Ängsten**: Was müsstest du tun, um Angst und Panik zu erleben? Weil: Jemand, der über seine Ängste im Moment der Angst redet, schafft zu ihnen Distanz. Angenommen, du würdest gerade Angst- und Panikreaktionen zeigen, welche Auswirkungen hätte das?
- Bei **Zwängen**: Sorge bewusst dafür, ein schlechtes Gewissen anderen gegenüber zu bekommen, indem du ihren Erwartungen nicht gerecht wirst.

- Bei **Dissoziationserlebnissen**: Wenn jemand unbewusst bzw. im dissoziierten Bewusstseinszustand etwas tut, was er hinterher eigentlich nicht will und woran er sich nicht erinnern kann: Wie könntest du sicherstellen, garantiert nicht mitzubekommen, dass du gerade Alkohol eingekauft bzw. den Kühlschrank geleert hast?

- Bei **Suizidabsichten**: Was wäre, wenn der Anschlag auf dich gelänge? Was möchtest du mit dem Anschlag auf dich erreichen? Was sind deine Absichten?

- Bei **Borderlinestörungen**: Wenn es eine harmonische Beziehungsgestaltung gibt, Disharmonie in die Kommunikation einführen: Wie erklärst du dir, dass du vor einiger Zeit ärgerlich auf mich warst? Wenn es eine konflikthafte Beziehungsgestaltung gibt, Harmonie in die Kommunikation einführen: Wie erklärst du dir, dass du dich vor einiger Zeit in meiner Gegenwart sehr wohl gefühlt hast?

- Bei **Manie**: Was müsstest du tun, um dich schuldig zu erleben? Was müsstest du tun, um wieder depressiv zu werden? Versuche, so zu tun, als seist du depressiv. Was müsstest du tun, um deine Manie noch um 5 Prozent zu steigern?

- Bei **Schizophrenie**: Ich verstehe dich nicht, nehme aber an, dass du gute Gründe hast, dich mir gegenüber unverständlich auszudrücken. Es kann manchmal sehr sinnvoll sein, sich unverständlich auszudrücken bzw. sinnlos zu handeln. Ich mute dir zu, die Verantwortung für dein Handeln zu tragen.

- Bei langwierigen und schweren **Beziehungskonflikten**: Was müsstet ihr tun, um mit dem Flammenwerfer aufeinander loszugehen? Was ist wahrscheinlicher, Mord oder Selbstmord? Wenn die Konflikte weiter eskalieren, wann wird wer wen umgebracht haben?

Diagnosen

Die Halbwertzeit psychiatrischer Diagnosen: Anscheinend aufgrund der unmittelbaren Unzugänglichkeit der Psyche eines anderen Menschen haben psychiatrische Diagnosen nach Abklingen der Symptomatik eine längere Halbwertzeit, sprich: größere „Haltbarkeit" als organmedizinische Diagnosen, so dass Menschen lange Zeit mit ihren psychiatrischen Diagnosen und infolgedessen mit negativen Persönlichkeitseigenschaften identifiziert werden bzw. sich selbst mit ihnen identifizieren. Beispiel: „Guten Tag, ich heiße Herrmann Müller, bin Alkoholiker/Psychotiker und seit 35 Jahren abstinent/symptomfrei.

Der Mensch als Diagnose: Ein Merkmal einer Klasse von Merkmalen kann nicht die ganze Klasse repräsentieren, was aber bei der Identifikation einer Diagnose mit dem ganzen Menschen der Fall ist.

Psychiatrische Diagnosen können wie sich selbst erfüllende Prophezeiungen wirken, indem sie suggestive Prozesse anregen, durch die man sich mehr und mehr in die eigenen Probleme hineinhypnotisiert. Wer noch kein Problem hat, braucht nur ein psychiatrisches Lehrbuch zu lesen.

Psychiatrische Diagnosen sind Halluzinationen, die wir auf die Klienten projizieren.

Gunther Schmidt

Sexuelle Probleme

Pathologisierung sexueller Phantasien: Je mehr sich jemand wegen sexueller Phantasien pathologisiert, umso wahrscheinlicher ist der Kontrollverlust.

Arnold Retzer

Wir müssen leider draußen bleiben: Häufig entstehen sexuelle Probleme dadurch, dass in der Vorstellung das Schlafzimmer mit allen möglichen Leuten bevölkert ist, die alle ihre Kommentare zu dem Treiben abgeben. Es stellt sich die Frage, wie man dafür sorgen kann, dass die Intimsphäre gewahrt wird.

Entspannung und Impotenz: Jeder Hypnotherapeut, der bei Potenzproblemen mit Entspannung arbeitet, ist eine Bedrohung für die Fortpflanzung.

Gunther Schmidt

Erotische Wünsche und Phantasien sollten zusammenpassen: Wer geht mit wem ins Schlafzimmer? Sie möchte am liebsten altersregressiv dem Papa auf den Schoß hüpfen. Er möchte ebenfalls altersregressiv der Mama auf den Schoß hüpfen. Beide springen los, knallen in der Luft zusammen und krachen zu Boden. Beide Drehbücher sind in Ordnung. Es geht darum, wie sie konstruktiv und kreativ zusammenwirken können.

Gunther Schmidt

Ortsveränderungen: Sexuelle Probleme können manchmal dadurch gelöst werden, dass man die gewohnten Positionen im Bett verändert oder das Bett selbst an einen anderen Ort stellt.

Sucht

Süchte sind Sehnsüchte: Angenommen, Ihr Suchtmittel könnte eine spezielle auf Ihre Person ausgerichtete Werbung machen und sprechen, wie würde es für sich werben? Seien Sie der/die Werbefachmann/-frau für Ihr Suchtmittel. Sie werden erfahren, was Ihre eigentlichen Sehnsüchte, Wünsche und Bedürfnisse sind. Welchen anderen Weg gibt es, sich diese Sehnsüchte und Wünsche zu erfüllen und Ihre Bedürfnisse zu befriedigen?

Sucht und Co-Abhängigkeit: Sobald jemand suchtmittelabhängig ist, kann man von dem/der Partner/in sagen, er/sie sei co-abhängig. Der Begriff „Co-Abhängigkeit" impliziert die Abwertung und Schuldzuschreibung des/der Beziehungspartners/Beziehungspartnerin: Frage: Woran würde man merken, dass jemand nicht mehr so abhängig ist? Antwort: Wenn der/die Partner/in sich nicht mehr suchtmittelabhängig zeigt. Damit ist das Konzept der Co-Abhängigkeit ein von der Abhängigkeit des Partners/der Partnerin abhängiges Konzept. Man selbst hat auf die Zuschreibung „Co-Abhängigkeit" absolut keinen Einfluss.

Suchtverlangen als Informationsquelle: Das Suchtverlangen als Ausdruck *einer* Persönlichkeitsseite gibt wesentliche Informationen über Bedürfnisse, Sehnsüchte und darüber, welche Aktivitäten unternommen werden sollten, um gewünschte und für das eigene Wohlergehen not-wendige Reaktionen bzw. Erlebensweisen zu ermöglichen.

Gunther Schmidt

Die beste Möglichkeit einer Sucht weiter nachzugehen, besteht darin, sie „morgen" aufgeben zu wollen. Auf der Ebene der unbewussten Prozesse herrscht das Prinzip der Wortwörtlichkeit. Aus diesem Grunde hört man nie mit dem Rauchen auf, wenn man sich vornimmt, dass man morgen damit aufhört. Das Morgen kommt nämlich nie. Am nächsten Tag ist morgen eben morgen. So schiebt man die Zukunft bzw. den Vorsatz mit gleich bleibender zeitlicher Distanz vor sich her.

Verändern sich Suchtrituale, so verändert sich der Suchtmittelkonsum: Jeder Suchtmittelkonsum geht mit einem bestimmten Ritual bzw. Verhaltensmuster einher. Schreiben Sie die einzelnen Schritte dieses Rituals genau auf. Verändern Sie dann einzelne Komponenten bzw. ihre Reihenfolge, fügen Sie bestimmte Komponenten hinzu oder lassen Sie manche weg.

Wenn Sie beispielsweise zuvor zunächst mit der rechten Hand die Zigarettenpackung aus der Tasche genommen haben und sie dann in die linke Hand gewechselt haben, um mit der rechten die Zigarette aus der Packung zu ziehen und sie dann unter Zuhilfenahme der linken Hand zwischen Mittel- und Zeigefinger Ihrer rechten Hand gesteckt haben, erreichen Sie beispielsweise eine eklatante Veränderung, wenn Sie bei der Durchführung dieses Rituals einfach Ihre Hände wechseln, also das, was sie zuvor mit der rechten Hand gemacht haben, machen Sie nun mit der linken und umgekehrt. Wenn Sie dann noch die Zigarette zwischen Mittelfinger und Ringfinger halten, brauchen Sie sich nur noch davon überraschen lassen, wie sich Ihr Rauchverhalten ändert und was daraufhin passiert.

Vom Problemanker zum Lösungswecker: Jedes Suchtverlangen (Problemanker) kann als Lösungswecker genutzt werden, indem man sich fragt, welche Bedürfnisse melden sich jetzt in meinem Organismus und was kann ich tun, um sie ohne den Suchtmittelkonsum zu befriedigen?

Gibt es Alkoholiker?: Ich kenne keine Alkoholiker. Ich kenne nur Leute, die Ihre Suchtkompetenz einsetzen, um ihre Sehnsüchte zu befriedigen und einem Missverständnis unterliegen.

Gunther Schmidt

Abstinenz erfordert gute Gründe: Wieso um alles in der Welt sollten Sie mit dem Drücken von Heroin aufhören? Nennen Sie mir einen vernünftigen Grund, damit aufzuhören, dann können wir weiter miteinander arbeiten.

Gunther Schmidt

Kosten und Nutzen der Sucht: Lohnt es sich für Sie wirklich, eine bestimmte Sucht aufzugeben und mit etwas anderem anzufangen? Welche guten Gründe haben Sie für Ihre Sucht? Was bekommen Sie von dem Suchtmittel? Warum sollten Sie überhaupt damit aufhören? Wie hoch sind die Kosten (kurz-, mittel- und langfristige Auswirkungen), die Sie dafür aufbringen müssen? Machen Sie eine Bilanz von Verlust und Gewinn und überlegen Sie, welche Möglichkeiten es gibt, den Verlust anderweitig auszugleichen bzw. zu verringern.

Lösen Sie die Identifikation mit dem Suchtverhalten: Nicht: Ich bin ein Trinker. Sondern: In bestimmten Situationen hat ein Teil von mir das Verlangen nach Alkohol. Wenn Sie sich 100%ig mit dem Trinken identifizieren, welche Instanz könnte dann das Trinken kontrollieren bzw. sich für etwas anderes entscheiden? Sie haben mehr Einfluss auf Ihr Trinkverhalten, wenn Sie Ihrer inneren Ambivalenz, zu trinken und nicht zu trinken, auch sprachlich gerechter werden. Wenn Sie das Suchtverhalten aufgegeben haben und andere, nicht-schädigende Befriedigungsmöglichkeiten gefunden haben, kann allerdings der Satz „Ich bin Alkoholiker und nüchtern" die Wahrscheinlichkeit erhöhen, nüchtern zu bleiben, weil er auf Ihre Kompetenzen hinweist.

Verhalten im Rausch kann als Informationsquelle genutzt werden: Unter Drogeneinfluss gezeigtes Verhalten kann mitunter wichtige Informationen liefern, welches Verhalten für einen im nüchternen Zustand wünschenswert bzw. sinnvoll wäre.

Mit etwas anderem anfangen, statt nur aufzuhören: Wenn Sie eine Sucht aufgeben möchten, fragen Sie sich, womit Sie anfangen wollen, wenn Sie aufhören. Wer fasten will, sollte trinken, anstatt zu essen. Wer nüchtern leben will, sollte für die Fülle in anderen Lebensbereichen sorgen.

Zufall und Sucht: Wenn Sie Ihr Suchtverhalten verändern wollen, führen Sie den Zufall ein, indem Sie zum Beispiel bevor Sie – wie gewohnt – zum Suchtmittel greifen, eine Münze werfen. Bei Zahl greifen Sie zum Suchtmittel, vernichten aber die Hälfte des Suchtmittels, bei Kopf lassen Sie es ganz.

Nutzung der *Gedanken* an das Suchtmittel als Abgrenzungsmöglichkeit: Wenn Sie sich von anderen Menschen innerlich distanzieren möchten, brauchen Sie bloß an das Suchtmittel (Essen, Alkohol, illegale Drogen) zu denken. Schon haben Sie eine Mauer, die Sie zwischen sich und anderen errichten können. Was ist gut an dieser Mauer? Auf welche Weise könnten Sie sich noch abgrenzen?

Metaphorische Beziehungsbeschreibungen sind häufig hilfreich, um die Beziehungsgestaltung zu optimieren. So kann man die emotionale Bindung zu einem anderen Menschen als metaphorische Verbindung beschreiben, also als Band, Gummiseil, Eisenstange, Girlande, Gürtel, Drahtseil, Schal etc. Wenn Sie Ihr Verhalten ändern, wie verändert sich dann dieses Beziehungsband? Oder umgekehrt: Sie verändern in der Vorstellung das Beziehungsband (z.B. von einer Eisenstange zu einem bunt schillernden Schal): Wie verändert sich dann Ihr Verhalten dem anderen gegenüber? Bei einer Suchtproblematik könnte zum Beispiel herauskommen, dass das Beziehungsband enger wird, woraus man die Schlussfolgerung ziehen könnte, dass der-/diejenige, der/die trinkt, sich der betreffenden Person (z.B. der Mutter) entgegensäuft.

Gunther Schmidt

Beziehung, Alkohol und Suiziddrohungen: Angenommen, Ihr Mann würde nicht mehr trinken und auch keine Suiziddrohungen mehr ausstoßen, was würden Sie dann tun? Ihn verlassen? Wenn dem so wäre, täte Ihr Mann, wenn er sie behalten will, gut daran, zu trinken und Suiziddrohungen auszustoßen. Dagegen wäre es sowohl für Sie als auch Ihren Mann hilfreicher, wenn Sie dem Alkoholtrinken in Verbindung mit Suiziddrohungen die Bedeutung geben, dass Ihr Mann die Beziehung beenden will und Sie nur dann in der Beziehung mit ihm bleiben, wenn er dieses schädigende Verhalten ab sofort unterlässt. Damit erhöht man zum einen die Wahrscheinlichkeit einer zufriedenstellenderen Beziehung und zum anderen die Überlebenschance des mit Suizid drohenden Partners.

Sich in seiner Entscheidung, bei jemandem zu bleiben, vom Suchtverhalten des Partners/der Partnerin unabhängig machen: Werfen Sie jeden Tag nach dem Aufstehen eine Münze und wenn Kopf ist, dann suchen Sie gute Gründe dafür, Ihren Mann/Ihre Frau zu verlassen – egal ob er/sie Alkohol getrunken hat oder nicht. Wenn Zahl erscheint, überlegen Sie, was dafür spricht, bei ihm/ihr zu bleiben.

Monika Schimpf

Drogen fördern die Autonomie um den Preis der Autonomie: Drogen betäuben die anderen gegenüber loyale Seite der Persönlichkeit – im Gegensatz zu Neuroleptika, welche die autonome Seite sedieren.

Depression

Das Licht am Ende des Tunnels könnte sich als entgegen-kommender ICE erweisen: Jemandem Hoffnung zu machen, der sich deprimiert fühlt, kann suizidal wirken Vielmehr sollte man den/die Lebensmüde/n in die Lage bringen, sich selber Hoffnung zu machen.

Etwas tun: Doing something is the opposite of depression.
Steve de Shazer

Licht und Schatten: Verbirgst du deinen Schatten, schwindet dein Licht.
N.N.

Nicht-Ausgedrücktes bedrückt: Wer sich nicht ausdrückt, wird bald bedrückt, wer sich dagegen ausdrückt, ab und an beglückt.

Konzentrationsprobleme: In der Regel liegt der Grund für Konzentrationsprobleme nicht in einer Konzentrationsschwäche, sondern darin, dass man seine Konzentration auf anderes fokussiert. Besonders wenn man deprimiert ist, fällt es einem schwer sich auf das Außen zu konzentrieren.

Wer voll im Leben steht, steht auch öfter mal voll daneben.

Schonung der Depression: Einen depressiven Menschen zu schonen, heißt, ihn zu ermuntern, sich weiter depressiv zu fühlen.

Um depressiv zu sein, benötigt man viel Kraft: Nur wer viel Lebensenergie besitzt, hat die Kraft, eine Depression zu entwickeln.

Nicht immer ist eine realistische Sicht der Dinge hilfreich: Sich depressiv erlebende Menschen schätzen sich hinsichtlich ihrer Fähigkeiten und Möglichkeiten realistisch ein, Menschen, die guter Dinge sind, überschätzen sich. Der entscheidende Beitrag, das eigene Wohlbefinden zu steigern, besteht also darin, sich selbst positiver zu sehen, als man ist.

Das Prinzip sich selbst erfüllender Prophezeiungen: Eine optimistische Erwartungshaltung führt eher zur Erfüllung positiver Erwartungen (lösungsorientierte Aufmerksamkeitsfokussierung), eine pessimistische eher zur Realisierung negativer Erwartungen.

Gedächtnis und Bedeutungslosigkeit: Wer sich für bedeutungslos hält, verliert sein Aktual-Gedächtnis. Er gewinnt es in dem Maße wieder, wie er sich mit Bedeutsamkeit lädt bzw. wie er von anderen mit Bedeutsamkeit geladen wird.

Die Nester der Vögel des Kummers: Gegen die Vögel des Kummers und der Sorge, die um deinen Kopf kreisen, kannst du nichts tun, aber du kannst etwas dagegen tun, wenn sie Nester in deinen Haaren bauen wollen.

Martin Luther

Stärken Sie Ihr Immunsystem: Man hat festgestellt, dass bei depressiven Menschen das Immunsystem geschwächt wird. Bei Schauspieler/inne/n, die den Auftrag erhalten haben, über einen bestimmten Zeitraum depressive Menschen zu spielen, wurde in gleicher Weise eine Schwächung des Immunsystems festgestellt. Man muss also nicht wirklich depressiv sein, es reicht auch, nur so zu tun, als sei man depressiv. Umgekehrt gilt ebenfalls: Um sein Immunsystem zu stärken, muss man nicht unbedingt nicht-depressiv sein, es reicht schon aus, nur so zu tun.

Die Magie der Namensgebung: Jedes Symptom und jeder Persönlichkeitsaspekt bekommen einen Namen, z.B. Anton. Hierdurch verändert sich sofort die Bedeutung und die Beziehungsgestaltung zu dem betreffenden Symptom bzw. Aspekt.

Angenommen, das Symptom würde darin bestehen, dass man sich niedergeschlagen und deprimiert fühlt, und man würde zu der Depression „Hallo Anton" sagen, die Depression könnte nicht mehr die gleiche bleiben. Und wenn man dann noch mit Anton reden würde, könnte es passieren, dass man wichtige Erkenntnisse bekommt, so dass sich die Depression freundschaftlich verabschieden könnte.

Schwach sein, heißt, stark machen: Wenn sich jemand schwach zeigt, sollte dem die Bedeutung gegeben werden: „Mach mich stark". Eine hilfreiche Anregung, den/die andere/n zu stärken, könnte es sein zu sagen: „Ich traue dir zu, dass du es auch ohne meine Hilfe schaffst."

Suizid

Verschiedene Suizidmotive als Informationsquelle für hilfreiche Fragen:

- Man kann Selbstmord verüben wollen, um positive Lebensziele zu verwirklichen. In diesem Sinne sollte man sich bzw. den/die Betreffende/n fragen, welche Absichten er/sie dabei hat und wie er/sie sich das Leben nach dem Suizid vorstellt? Welche dieser Vorstellungen hatte sich schon einmal im bisherigen Leben realisiert und was wären die nächsten kleinen Schritte, sie in diesem Leben Wirklichkeit werden zu lassen? Niemals kann man Gewissheit darüber erlangen, was nach dem Tod sein wird. Dagegen lassen sich sehr wohl Aussagen über das erlebte und gelebte Leben – solange man am Leben ist – treffen.

- Wenn jemand nur Suizidabsichten hegt und noch nicht versuchte, sie in die Tat umzusetzen, sollte die Frage „Warum leben Sie (noch)?" ernsthaft beantwortet werden, weil damit Gründe erschlossen werden können, die für das Leben sprechen.

- Selbstmord kann man auch verüben wollen, weil man sich rächen will: „Sollen die anderen doch sehen, wie sie ohne mich zurechtkommen. Das wird ihnen noch Leid tun." Hinter solchen Rachegelüsten stehen häufig Mordimpulse, die nur im Amoklauf ausgelebt werden. Hier sollte man sich klar machen, dass es den anderen vielleicht gar nicht Leid tun wird, sie eher wütend reagieren werden, wenn man sich umbringt. Der beste Schutz bei derartigen Selbstmordmotiven besteht darin, möglichst viele und intensive Bindungen zu anderen Menschen virtuell und real zu aktivieren.

- Ein sehr häufiges Motiv für Selbstmord kann auch darin bestehen, dass man einem/einer geliebten Verstorbenen aus Liebe in den Tod nachfolgen. Die fatale Konsequenz hierbei ist, dass man diese geliebte Person bei „erfolgreicher" Tat zum/zur Mörder/in der eigenen Person macht. Wenn beispielsweise für ein Kind ein Elternteil oder eine nahe stehende Person früh verstirbt, entstehen besonders intensive Bindungskräfte. Das Kind wird dann den/die Früh-Verstorbene/n vermissen und große Sehnsucht nach ihm bzw. ihr verspüren. Es wird versuchen, alles zu tun, um ihm/ihr nahe zu sein. Manchmal gibt es dann den Sog, der geliebten Person aus Liebe in den Tod zu folgen. Dieser Sog kann aufgehalten werden, wenn man sich fragt, wie es wohl dem/der Verstorbenen gehen würde, würde man sich für den Tod entscheiden. Sicherlich wünschte sich der/die Verstorbene, dass es einem *im Leben* gut geht und nicht, dass er/sie sich auch noch am Tode des Betreffenden schuldig fühlen muss. Außerdem: Was ist schon die Zeit eines ganzen Lebens gemessen an der Ewigkeit? Weit weniger als ein Lidschlag.

Suizidgedanken bzw. Suizidversuche als Entwicklungsindikatoren: Nur wer sich gut entwickelt, denkt an Suizid, macht allerdings seine gute Entwicklung zunichte, wenn er diesen Gedanken „erfolgreich" umsetzt.

Krisen sind Entwicklungsbeschleuniger: Je größer die Gefährdung durch eine bzw. in einer Krise, umso größer auch die mit ihr einhergehende Entwicklungs-Chance.

Ohne Körper lebt es sich schlecht: Wenn Sie Ihren Körper loswerden wollen, dann hat das halt Kosten.

Gunther Schmidt

Man kann nicht nichts erleben: Einer sagt: „Ich wäre gerne tot." Frage: „Wie sieht es denn da aus? Wie würden Sie es denn erleben, tot zu sein?

Gunther Schmidt

Suizidgedanken und existentielle Ambivalenz: Wer davon spricht, dass er sich umbringen will, ist zumindest in dieser Hinsicht ambivalent, andernfalls würde er nicht darüber sprechen. Es gibt also zumindest ein Seite in ihm, die leben möchte, und eine andere, für die das Leben nach dem Tod weitergehen soll.

Die Schuld geht mit: Wenn sich jemand umbringt, dann nimmt er die Schuld dafür mit ins Grab.

Allein wegen sich selbst entscheidet man sich nicht fürs Leben: Lebenserhaltend kann es deswegen sein, zu einem Menschen, der sich umbringen will und zu dem es eine gute Beziehung gibt, zu sagen: „Das kannst du mir doch nicht im Ernst antun wollen."

Gewaltmonopol und Suizid: Das Gewaltmonopol des Staates bezieht sich auch auf Suizid.

Arnold Retzer

Suizidversuch als Schwellenphase eines Übergangsrituals: Ein Suizidversuch kann in einer Entwicklungskrise eine problematische Entwicklung zum Guten wenden und markiert dann häufig den Übergang von einer Lebensphase (Kindheit/Jugend) zu einer anderen (Erwachsensein).

Suizid und Ex-Kommunikation: Es ist eine Form der Ex-Kommunikation, wenn jemandem nicht verboten wird, diese Sauerei des Selbstmords zu tun (in der Familie oder am Arbeitsplatz).

Arnold Retzer

Von der Opferrolle zur Täterschaft: Nicht die schlimmen Umstände haben mich suizidal gemacht, sondern ich habe mich entschieden, gegen mich Gewalt anzuwenden.

Arnold Retzer

Sich nur vom Suizid zu distanzieren ist kontraproduktiv: In der Psychiatrie soll man sich vom Suizid distanzieren, wodurch allerdings die mit ihm verbundenen lösungsorientierten Ziele vergessen werden. Niemand kümmert sich in der Regel um die Absichten des Suizidanten, was eine Form der Ex-Kommunikation darstellt.

Arnold Retzer

Verzweiflung und Suizid: Nur Menschen mit positiven Lebenszielen suizidieren sich! Denn: Wenn man keine Ziele hat, kann man nicht verzweifeln.

Arnold Retzer

Selbstmord als Eigensucht: Es gibt keine eigensüchtigere Tat als Selbstmord.

Schuld und Suizid: Schuldgefühle können manchmal als so quälend erlebt werden, dass man versucht ist, sie zu beseitigen, indem man sich selbst beseitigt. Wenn jemand zum Beispiel eine Schuld infolge einer nicht mehr vollständig wieder gutzumachenden Tat auf sich geladen hat, ist es ein billiger Weg, sich dieser Schuld durch Selbstmord zu entledigen. Der schwierigere, jedoch würdevollere Weg besteht darin, mit dieser Schuld ohne Aussicht darauf, sie jemals loszuwerden, zu leben.

Angemaßte Schuld: Welche Schuld hat jemand auf sich geladen, wenn er denkt, die adäquate Strafe sei (Selbst-)Hinrichtung? Oft ist es eine angemaßte Schuld, die dem/der Betreffenden nicht zusteht bzw. mit der er/sie sich zu Unrecht schmückt.

Der beste Schutz vor Selbstmord besteht darin, möglichst viele gute Beziehungen zu anderen Menschen zu haben. Allein die Existenz eigener Kinder halten einen oft in noch so großer Verzweiflung am Leben.

Suizidabsichten und Lebens-Versicherungs-Vertrag: Bei angedrohten Suizidversuchen sollte man einen Lebens-Versicherungs-

Vertrag von dem/der Betreffenden fordern, indem er/sie zusichert, bis zu einem bestimmten Zeitpunkt keinen Anschlag auf sich selbst zu verüben. Ähnlich wie bei Lebensversicherungen sollte sich der Vertrag um einen bestimmten Zeitraum automatisch verlängern, es sei denn, der/die Betreffende kündigt ihn aktiv vor Ablauf der vereinbarten Frist. Wird der Vertrag aufgekündigt, muss man wieder in Verhandlungen mit dem/der Betreffenden treten.

Sinn kann nicht gegeben werden: Man kann keinen anderen Menschen davon überzeugen, dass das Leben lebenswert ist. Letztendlich kann man sich nur selbst davon überzeugen. Genauso wenig kann man dem Leben eines anderen Menschen einen Sinn geben, nur dem eigenen. Aus diesem Grunde ist es hilfreich, andere dazu anzuregen, einen und damit sich selbst zu überzeugen, dass das Leben lebenswert ist.

Beziehung und Suiziddrohungen: Suiziddrohungen dem/der Partner/in gegenüber bedeuten, dass man die Beziehung beenden will; denn die logische Folge eines vollendeten Suizids besteht darin, die Beziehung zu zerstören, indem man sich zerstört.

Mord- und Selbstmorddrohungen: Wer in einer Beziehung Mord- oder Selbstmorddrohungen ausstößt, verwirkt damit unmittelbar das Recht auf Zugehörigkeit zu *dieser* Beziehung. (Das gilt jedoch nicht in der Beziehung zwischen Eltern und Kindern. Blut ist dicker als Wasser.) In einer neuen Beziehung gilt dann: Neues Spiel, neues Glück.

Gewalt

Das Versagen moralischer Appelle: Das Problem der Gewalt lässt sich nicht mit einem Appell an die Moral lösen, da man nicht davon ausgehen kann, dass Gewalt immer mit einem schlechten Gewissen oder einem Schuldgefühl einhergeht. Vielmehr zeigt das Studium menschlicher Verhaltensweisen und die Geschichte, dass gewalttätiges Verhalten (selbst Massenmord) ohne jedes schlechte Gewissen möglich ist.

Das Versagen vernünftiger Appelle: Wenn gewalttätiges Verhalten zu kurzfristigen und spürbaren Vorteilen führt, müssen Appelle an die Einsicht versagen, denn das hieße, von jemandem zu verlangen, dass er/sie kurzfristig gegen seine/ihre eigenen Interessen verstoßen soll und er/sie zudem noch intellektuell überfordert wird.

Gewalttätigkeit, Suizidandrohung und psychotisches Verhalten gehören zu denjenigen Verhaltensweisen, welche die stärksten beziehungsgestaltenden Wirkungen entfalten. Gewalttätigkeit und Suizidandrohung lassen sich als Mittel der Erpressung benutzen, um mit großer Wahrscheinlichkeit die Autonomie anderer zu brechen. Psychotisches Verhalten verunsichert und erschreckt aufgrund seiner Unberechenbarkeit die damit konfrontierten Personen, die häufig nicht mehr wissen, worauf sie reagieren sollen: auf das gezeigte Verhalten oder die vermuteten ihm zugrunde liegenden inneren Prozesse, die viele als (Geistes-)Krankheit identifizieren.

Langfristige Konsequenzen gewalttätigen Verhaltens: Langfristig führt gewalttätiges Verhalten zur Zerstörung des eigenen

Lebens. Kurzfristig dagegen haben – ob man will oder nicht – Gewalt und Aggression sehr große beziehungsgestaltende Wirkungen, die häufig dazu führen, dass das gewalttätige Verhalten beibehalten oder gar verstärkt wird. Gewalt wird gesellschaftlich häufig als legitimes Mittel der Konfliktlösung betrachtet, die den/die Gewalt Anwendende/n aufwertet und ver-herr-licht.

Gewalt und Regeln: Regeln ohne Konsequenzen sind nicht hilfreich bzw. zieldienlich, um Gewalt einzudämmen, sondern führen eher zu einer Eskalation der Gewalt.

Verbot gewalttätiger Handlungen: Es gibt keine Sicherheit darüber, dass gewalttätige Handlungen unterbleiben, wenn man sie verbietet.

Verhalten ist zu kontrollieren: Aus pragmatischen Gründen ist es sinnvoll, davon auszugehen, dass gezeigtes Verhalten gewollt wird und dass es kontrolliert werden kann.

Sicherheit als Zeichen für Unsicherheit: Wer zu impulsiver Gewalttätigkeit neigt, erhöht die Wahrscheinlichkeit, sie und sich zu kontrollieren, wenn er sich in dieser Hinsicht unsicher ist. Wer sich sicher glaubt, nie mehr gewalttätig zu werden, sollte deswegen sehr unsicher sein.

Gewalt und Verantwortung: Eine Gewalttat in einem psychotischen oder drogeninduzierten rauschhaften Zustand mindert nicht die Verantwortung für sie, sondern doppelt sie, weil man entweder mittelbar oder unmittelbar sowohl verantwortlich für die Psychose bzw. den Rausch ist, als auch für die Tat selbst. Theoretisch wird diese Sichtweise negiert, praktisch jedoch bestätigt, indem beispielsweise psychotisch definierte Straftäter/innen in den Maßregelvollzug der Psychiatrie kommen.

Fehlende Selbstkontrolle: Wer sich selbst nicht kontrollieren kann, wird bald von anderen kontrolliert.

Frank Farrelly

Angst, Panik und Zwang

Sich einzuengen, hat psychische Kosten: Fühlen wir uns in einer bestimmten Situation unfrei, können wir mit einer psychischen Symptomatik (z.B. mit Ängsten oder Zwängen) oder psychosomatisch (z.B. mit Migräne, Magendrücken oder Tinnitus) reagieren, was nun nochmals den Grad der Freiheit bis in extreme Varianten einschränkt, so als würde unser Symptom sagen: „Wenn du nicht für den Spielraum und Freiheitsgrad sorgst, den du brauchst, lasse ich es dich schmerzhaft fühlen, was es bedeutet, sich wirklich unfrei und eingezwängt zu fühlen."

Man könnte meinen, das Symptom halte sich an das Sprichwort „Wer nicht (auf die eigenen Bedürfnisse) hören will, muss fühlen (was das für Folgen hat)".

Gleichzeitig sorgt das Symptom mit zuweilen hohen „Kosten" auch für einen unbewussten größeren Handlungsspielraum, indem man bestimmte Verpflichtungen (z.B. bei der Schwiegermutter zu essen, arbeiten zu gehen) – ob man will oder nicht – einfach nicht mehr erfüllen kann.

Der Kampf gegen die Angst führt dem Gegner „Angst" erst die Energie zu, die zur Panik gebraucht wird.

Arnold Retzer

Das Leben verändert sich von selbst: Wenn man ständig Angst haben will, muss man ständig – bewusst und unbewusst – etwas dafür tun.

Angst und Panik: Panik entsteht durch den Kampf gegen die Angst.

Arnold Retzer

163

Die Angst gebiert das, was sie fürchtet: Wenn man beispielsweise Angst vor einem anderen Menschen hat, verhält man sich oft so, dass die Reaktionen des anderen die eigene Angst bestätigen. Und wenn man Angst hat, der andere könnte Angst vor einem bekommen, wird das eher dazu führen, dass er Angst vor einem bekommt. Und schließlich führt die Angst, wieder verletzt zu werden, zu neuen Verletzungen.

Angst bindet: Wenn ich gar keine Angst mehr hätte, dann würde ich ganz frei Auto fahren und auf Nimmerwiedersehen verschwinden.

Gunther Schmidt

Mit **Ängsten etwas tun**: Wer erwartet, dass (irrationale) Ängste vollkommen verschwinden, kann mitunter lange warten. Günstiger ist es davon auszugehen, dass man sich von den Ängsten nicht davon abhalten lässt, bestimmte Dinge zu tun, sondern sie zunächst *mit* den Ängsten tut. (Gegen einen Stier zu kämpfen, wenn du keine Angst hat, ist nichts. Und nicht gegen einen Stier zu kämpfen, wenn du Angst hast, ist auch nichts. Aber gegen den Stier zu kämpfen, wenn du Angst hast – das ist etwas. - *N.N.)*

Psycho-Somatik

Selbstheilungsprozesse: Die automatischen Operationen des Körpersystems sind Selbstheilungsprozesse. Krankheit kann auch als Selbstheilungsprozess beschrieben werden.

Arnold Retzer

Bildung und Gesundheit: Gesundheit korreliert mit Bildung.

Doppelte Psychosomatik: Es macht Sinn, Psyche und Körper durch analytische Abstraktion voneinander streng zu trennen und sie nur noch als Umwelt füreinander zu betrachten, so dass sie nicht direkt aufeinander einwirken, sondern sich nur gegenseitig anregen können. Und es macht gleichzeitig ebenfalls Sinn anzunehmen, dass Körper und Geist eine untrennbare Einheit bilden, so dass jeder Gedanke eine eindeutige physiologische Grundlage hat.

Psychosomatische Konzepte bei Krebs und Multipler Sklerose können häufig als Schuldzuweisungen missverstanden werden. Wenn jemand eine schwere (psycho-)somatische Krankheit hat und ihm dann auch noch die Schuld dafür gegeben wird, handelt es sich um eine linearkausale Zuschreibung, die sowohl systemische Zusammenhänge und Prinzipien missachtet, als auch anmaßend ist, denn kein Mensch kann wissen, wie es in Wahrheit ist.

Gunther Schmidt

Körper und Psyche: Keinerlei Elemente des Körpers können in die Psyche hineingeraten.

Arnold Retzer

Die Sicherheit der Ungewissheit: Gewissheit ist im zwischenmenschlichen Bereich wie auch in der Beziehung zu dem eigenen Körper Unsinn.

Arnold Retzer

Lerne klagen, ohne zu leiden als Voraussetzung der Verabschiedung eines Symptoms: Wer so tut, als leide er unter einem bestimmten Symptom, obwohl es in diesem Moment überhaupt nicht spürbar ist, der wertschätzt dieses Symptom, unter dem er sonst so leidet und kann es sogar nutzen, um sich mehr nach den eigenen Bedürfnissen richten zu können. Manche inneren wie äußere Konflikte in Beziehungen können so vermieden werden, ohne zugleich unter dem Symptom zu leiden.

Wer zum Beispiel unter Migräne leidet, kann in bestimmten Situationen, die ihn/sie überfordern, so tun, als hätte er/sie Migräne, was in der Regel zur Entlastung und zum Verständnis bei anderen führt. Ein solches Verhalten setzt jedoch voraus, dass man mit seiner Wirklichkeitskonstruktion vereinbaren kann, etwas vorzugeben, was nicht der Fall ist. Wer das jedoch kann, sorgt nicht nur für sich, sondern leistet auch einen Beitrag um Beziehungen auf Dauer befriedigender zu gestalten. Häufig wird man feststellen, dass man gar nicht mehr so tun muss, als hätte man ein Symptom, weil es sich bereits verabschiedet hat.

Medizinische Behandlungen können nicht nur zur Heilung beitragen, sondern ebenfalls Selbstheilungsprozesse stören bzw. behindern.

Arnold Retzer

Krankheit gehört zum Leben: Solange jemand krank ist, lebt er noch.

Arnold Retzer

Psyche und Körper: Wenn die Psyche sich anders organisiert, stellt sich der Körper auf diese andere Organisation ein.

Arnold Retzer

Metaphorische Beschreibung zur Linderung oder Auflösung psychosomatischer Beschwerden: Jedes psychosomatische Symptom lässt sich metaphorisch beschreiben. Es kann dann durch die Veränderung der Metaphorik, also seiner bildlichen Vorstellung, positiv beeinflusst werden.

Angenommen, Sie würden beispielsweise Kopfschmerzen oder Migräneanfälle metaphorisch als Schraubstock wahrnehmen, in dem Ihr Kopf eingequetscht wird: Unter solchen Bedingungen müsste man sich Sorgen machen, wenn es Ihnen damit gut ginge. Sie könnten nun versuchen, mit Hilfe dieser Vorstellungen die Kopfschmerzen zu beeinflussen, indem Sie langsam den Schraubstock lockern und dabei darauf achten, wie sich Ihr Körpergefühl verändert und ab wann Sie es als angenehm und wohltuend erleben. Sie könnten sich auch einen kleinen Schraubstock kaufen, den Sie immer wieder aufdrehen können, wenn Sie das Gefühl haben, Sie bräuchten angenehmere Körpergefühle bzw. Entspannung.

Gunther Schmidt

Psychosomatische Symptome als Erinnerungshelfer: Eine (schwere) körperliche Krankheit zwingt einen dazu, die eigenen Grenzen besser wahrzunehmen und sich nach ihnen zu richten. Wird man wieder gesund, besteht die große Gefahr, dass man wieder verstärkt über die eigenen Belastungs- und Leistungsgrenzen geht. In einem solchen Fall können sich psychosomatische Symptome wie Übelkeit oder Schmerzen entwickeln, um einen daran zu hindern, sich wieder zu überfordern.

Psychosomatik und Konflikt: Ein psychosomatisch reagierender Mensch ist in der Regel bestrebt, seine Beziehungen möglichst harmonisch zu gestalten. Drohen Konflikte, steckt er sehr schnell seine eigenen Anliegen, Gefühle und Wünsche zurück, ärgert sich jedoch hinterher darüber und über sich selbst. Der äußere Konflikt verwandelt sich in einen inneren. Werden nun in Beziehungen mehr Konflikte riskiert, können sich die psychosomatischen Beschwerden eher verabschieden, das Wohlbefinden verbessert sich und die Beziehungen gestalten sich für einen befriedigender.

Psychosomatisches Muster: Nur wenn ich nicht mehr kann (ich krank bin), muss ich nicht.

Gunther Schmidt

Langsamer ist schneller, weil: Gerade die Besserung einer psychosomatischen Problematik kann oft fatale Folgen haben.

Gunther Schmidt

Der eigene Organismus als Bündnispartner: Wenn du das von mir möchtest, würde ich es gerne für dich tun. Ich weiß aber, dass dann mein Organismus so reagieren wird, dass es mich meine Gesundheit kostet. Möchtest du, dass ich es unter diesen Bedingungen tue?

Gunther Schmidt

Psychische Symptome als Gesundungszeichen: Bei einer psychosomatischen Problematik ist es oft ein Zeichen von Gesundung, wenn sich zunächst psychische Symptome einstellen.

Psychosomatischer Rückfall als Zugabe Ihres persönlichen Leib-Wächters: Begrüßen Sie jeden psychosomatischen „Rückfall" als freundliche *Zugabe* Ihres persönlichen Leib-Wächters, der Ihnen mitteilt, nicht zu vergessen, gut mit Ihrem Organismus umzugehen und dabei vielleicht noch einige wichtige Informationen zu beachten, damit weitere Zugaben nicht mehr not-wendig werden.

Heilsame Reden: Die Seele aber, mein Guter, sagte er, werde behandelt durch gewisse Besprechungen, und diese Besprechungen wären die schönen Reden. Denn durch solche Reden entstehe in der Seele Besonnenheit, und wenn diese entstanden und da wäre, würde es leicht, Gesundheit auch dem Kopf und dem übrigen Körper zu verschaffen.

Sokrates

Leide, ohne zu klagen: Ein Mann klagt über Schmerzen, die aber ohne organischen Befund sind. Er ist Mitte dreißig, möchte sich frühberenten lassen und befindet sich in der Psychiatrie. Frauen gegenüber kann er sehr charmant sein und zeigt gerne seinen gut gebauten, muskulösen und braun gebrannten Oberkörper. Einerseits will er ein ganzer Kerl sein, andererseits jammert er ständig herum, dass er so große Schmerzen habe und deswegen nichts tun könne (nicht schreiben etc.). Eine mögliche Intervention könnte es sein, zu ihm zu sagen: „Es ist eine *heroische* Leistung, Schmerzen zu haben und darüber zu schweigen."

Lieber Gesundungstäter als Krankheitstäter: Häufig ist es wenig hilfreich, davon auszugehen, an der Entstehung einer Krankheit schuld zu sein. Viel hilfreicher dagegen ist es, davon überzeugt zu sein, für seine Gesundung etwas tun zu können.

Krankheit und Familie: Krankheit ist in der Seele des Kindes nichts Schlimmes, solange es in Gesellschaft der Familie ist.

Bert Hellinger

Körper und Psyche: Der Körper kann als Umwelt für die Psyche und die Psyche als Umwelt für den Körper wahrgenommen werden.

Arnold Retzer

Symptome und Sehnsüchte: Hinter jedem psychosomatischen Symptom steckt eine Sehnsucht.

Gunther Schmidt

Schwere Krankheiten als letzte lebensrettende Maßnahmen des Organismus: Manchmal ist eine schlimme Krankheit wie Krebs eine lebensverlängernde Maßnahme des eigenen Organismus. Mit ihr macht er quasi wie mit einem letzten Aufgebot auf sich und damit auf vitale Bedürfnisse aufmerksam. Wird man dann diesen Bedürfnissen gerechter, können sich auch sehr schwerwiegende Krankheiten zurückziehen.

Psychosomatik und Loyalität zu verstorbenen Personen: Psychosomatisch bedingte Symptome können Ausdruck der Loyalität zu einer schon verstorbenen, geliebten Person sein, die vielleicht gleiche oder ähnliche Beschwerden hatte.

Eine Lösung bzw. ein Heilungsschritt kann dann darin bestehen, sich diese geliebte Person vorzustellen und ihr zu sagen: „Liebe/r X, mir geht es so wie dir."

Der nächste Schritt wäre dann das Versprechen, den/die andere/n gerade dann in guter Erinnerung zu behalten, wenn es einem gut geht.

Schließlich kann man den/die Verstorbene/n in seiner Vorstellung bitten, wohlwollend und freundlich auf einen zu schauen und ihn/sie fragen, was er/sie sich für einen wünscht.

Psychosomatische Sprachbilder als Fluch und Segen: Psychosomatische Sprachbilder [z.B. das bricht mir das Herz (Herzinfarkt), das schlägt mir auf den Magen (Magengeschwüre), das hält man ja im Kopf nicht aus (Kopfschmerzen, Migräne) etc.] sind ein Fluch und zugleich ein Segen: Einerseits können sie wie sich selbst erfüllende Prophezeiungen wirken, andererseits transportieren sie ein spezifisches Wissen, wie sich psychische Haltungen auf den Organismus auswirken können.

Es recht zu machen jedermann, ist eine Kunst, die keiner kann: Wer den zum Scheitern verurteilten Versuch unternimmt, allen Ansprüchen anderer gerecht zu werden, entwickelt häufig als Schutzreaktion des Organismus psychosomatische Symptome.

Leib-Wächter und Werk-Schützer: Jedes psychosomatische bzw. psychische Symptom kann als Leib-Wächter des Organismus oder als Werkschutz der Psyche genutzt werden.

Gunther Schmidt

Ein vergeblicher Kampf: Psychosomatische Symptome wie Kopfschmerzen, Übelkeit, Zittern, Herzbeschwerden, Krämpfe etc. werden durch den Versuch, sie zu bekämpfen, aufrechterhalten.

Ihr Organismus als Gesprächspartner: Viel besser als man selbst weiß der Organismus, was er bei bestimmten psychosomatischen Beschwerden bräuchte und was gut wäre, damit es einem besser ginge. Deshalb: Unterhalten Sie sich mit Ihrem Organismus, geben Sie ihm einen Namen und ein Symbol. Fragen Sie ihn, was gut für ihn wäre. Sie brauchen auch nicht gleich eine Antwort zu bekommen. Wenn Sie Ihren Organismus ernst nehmen und ihn wie eine/n Liebespartner/in behandeln, brauchen Sie sich nur überraschen zu lassen, wann Sie ganz von selbst eine Antwort von ihm erhalten werden.

Schmerzen als Zeichen fehlender Wiedergutmachung: Wenn jemand von einem/einer anderen vorsätzlich oder fahrlässig verletzt wurde und auch nach der Heilung noch Schmerzen empfindet, dann könnte das daran liegen, dass es noch zu keiner Genugtuung bzw. Wiedergutmachung gekommen ist. Der Schmerz bindet einen an das traumatische Erlebnis und wirkt wie eine Aufforderung, für den Ausgleich in der Beziehung (Ausgleich von Schuldkonten) zu sorgen.

Trauma

Trauma und Erinnerung: Allein das Wiedererinnern bestimmter Ereignisse macht noch keinen Unterschied, sondern es geht darum, wie man sich wieder erinnert. Bei traumatischen Erlebnissen beispielsweise wäre es höchst problematisch, sie assoziiert wieder zu erleben, weil damit die negativen Gefühls- und Erlebniskomplexe aktualisiert werden und eher zu einer Schwächung führen.

Wer dagegen das Sicherheit gebende Bewusstsein darüber hat, diese schlimmen Erlebnisse überlebt zu haben, kann das Leben vielleicht mehr annehmen als andere. Und wer sich dann noch das gibt, was man als Kind so dringend gebraucht hätte, kann sich selbst auch in großer Not beistehen.

Es ist nie zu spät, eine glückliche Kindheit gehabt zu haben (vgl. BEN FURMAN): Jedes negative Kindheitserlebnis kann dafür genutzt werden, Informationen darüber zu erhalten, was das Kind in einer solchen Situation gebraucht hätte. Diese Informationen kann man nutzen im Umgang mit sich selbst. Wenn man schlecht behandelt wurde von den Eltern und bei sich die Tendenz wahrnimmt, sich ebenso schlecht zu behandeln, kann man das als Signal nutzen, sich zu fragen, was man selbst bzw. das innere kleine Kind, das jeder Mensch ebenfalls immer auch noch ist, braucht, was gut für es wäre und wie man es sich selbst geben könnte bzw. von wem man es bekommen könnte.

Borderline und Bulimie

Borderline: Entweder Nähe (Beziehung und Ich-Verlust) oder Distanz (Ich-Sein und Beziehungsverlust): Die Fähigkeit, eine so große Nähe zu einem anderen Menschen herzustellen, dass man seine eigene Identität zu verlieren meint und das Gefühl hat, sich als eigenständiges Wesen aufzulösen. Wodurch die Fähigkeit auf den Plan tritt, sich so von einem anderen Menschen zu distanzieren, dass dieser das Gefühl bekommt, er werde nun psychisch vernichtet. Dadurch gewinnt man wieder das Gefühl eigener Identität.

Die Organisation von Konflikten bei einer Borderline-Problematik: Ein Mensch mit einer Borderline-Problematik verhält sich anderen Menschen gegenüber genau umgekehrt wie jemand mit psychosomatischen Symptomen: Ein Kennzeichen einer Borderline-Problematik besteht darin, dass unerwartet sehr heftige Konflikte mit anderen Menschen provoziert werden. Ein Zeichen für eine positive Veränderung besteht darin, Konflikte nicht mehr nur im Außen zu realisieren und wahrzunehmen, sondern sie im Innen als Ambivalenzkonflikt erleben zu können.

Um zu einer solchen Veränderung der Sichtweise und des Verhaltens kommen zu können, ist es not-wendig eine Außenperspektive einzunehmen und sich selbst zu beobachten:

- *Beziehungsgestaltung mit einem für einen selbst signifikanten Menschen*: Wenn man in einer Situation heftige Konflikte mit einem bestimmten Menschen auskämpft, mit dem man auch ein sehr harmonisches Zusammensein erlebte, wäre es wichtig, sich genau an harmonische Momente mit der betreffenden Person zu erinnern. Und wenn man sich gerade in Harmonie mit ihm befindet, sollte man sich an disharmonische und konfliktreiche Zeiten erinnern.

- **Beziehungsgestaltung in Gruppen**: Menschen mit einer Borderline-Problematik erleben in einer (konstanten bzw. verbindlichen) Gruppe bestimmte Gruppenmitglieder als gut, angenehm bzw. sympathisch, mit denen sie sich verbünden und ein harmonisches Verhältnis pflegen, und andere Gruppenmitglieder als böse, unangenehm bzw. unsympathisch, die bekämpft werden müssen. In solchen Zusammenhängen ist es hilfreich, sich zu überlegen, welche guten Seiten die als unangenehm wahrgenommenen Menschen und umgekehrt, welche problematischen Seiten die als sympathisch erlebten Gruppenmitglieder haben (könnten). Wenn man sich in einem Konflikt mit einem als unsympathisch wahrgenommenen Menschen befindet, kann man sich auch überlegen, wie man sich verhalten würde, wenn er zur Gruppe der sympathischen Menschen gehören würde und man kann sich auch fragen, was ein als sympathisch erlebtes Mitglied einem raten würde.

Mit Hilfe dieser Vorgehensweisen geraten sowohl äußere Harmonie mit der sie ermöglichenden Persönlichkeitsseite, die sich nach Nähe, Geborgenheit, Empathie, Verständnis und Verschmelzung sehnt, als auch äußere Disharmonie mit der sie ermöglichenden Persönlichkeitsseite, die sich nach Distanz, Abgrenzung, Autonomie und Unabhängigkeit sehnt, gemeinsam in den Fokus der Aufmerksamkeit. Wenn ein solches Unterfangen gelingt, kann sich nach einer Weile die problematische Beziehungsgestaltung und damit die Borderline-Problematik auflösen und die Betreffenden können ihr hochkompetentes Reservoir für erfüllende Beziehungsgestaltung nutzen.

Borderline: Weder Ich noch Du: Sinnvoll ist es, *erst einmal* davon auszugehen, dass es kein „Ich", „Du" oder „Sie" gibt, sondern nur noch verschiedene Seiten einer Person. Diese Seiten zeigen sich einerseits in dem unbedingten Bedürfnis nach Nähe (Symbiose, Einssein, Ineinanderaufgehen, Geborgenheit, Verschmelzung) und dem ebenso unbedingten Bedürfnis nach Distanz (Autonomie, Unabhängigkeit, Identität und Abgrenzung). Dabei sind diese Seiten nicht das Problem, sondern ihr Kampf gegeneinander und die Form der Konfliktlösung dadurch, dass eine Seite zeitweilig abtaucht, d.h. nicht bewusst wahrgenommen wird, also dissoziiert ist.

Streicht man nun alle Personalpronomen und spricht stattdessen von diesen verschiedenen Seiten, also bei Nähe von Distanz und bei Distanz von Nähe, geraten beide Seiten in den Blick (den Fokus der Aufmerksamkeit), so dass sie gleichzeitig im Bewusstsein als Ausdruck legitimer und sinnvoller Bedürfnisse wahrgenommen werden können. Auf der sprachlichen Ebene sollte man deswegen jedes „Aber" durch ein „Und" ersetzen.

Gleichzeitig gut und schlecht Wenn ein Kind sich an den Vater erinnert und dabei denkt, dass es von ihm verhauen wurde, ist es dem Vater böse; wenn es an etwas Gutes denkt, was es von ihm bekommen hat, denkt es gut von ihm. Wenn es beides gleichzeitig (eher im schnellen Wechsel – K.M.) denkt, kommt es zur Borderline genannten Beziehungsstörung.

Bert Hellinger

Das Problem bei Bulimie: Man kann gar nicht so viel fressen, wie man kotzen möchte.

Max Liebermann

Bulimie weist eine ähnliche psychische Organisationsstruktur auf wie eine Borderline-Problematik: ein relativer schneller Wechsel zwischen Entweder (Essen, Bedürfnisbefriedigung bzw. Geborgenheit, Nähe, Verschmelzungswünschen mit dem Risiko des Ich- bzw. Identitäts-Verlustes) und Oder (Askese, Verzicht, Bedürfnisunterdrückung bzw. Bedürfnisse nach Distanz, Autonomie, Selbstsein mit der Gefahr von Isolation und Einsamkeit). Die Lösung besteht in dem gleichzeitigen liebevollen Wertschätzen beider Seiten.

Wahn-Sinn

Systemische Definitionen des Wahn-Sinns:
- **Der Versuch zu gehen, um zu bleiben** bzw. aus dem Kontakt zu gehen, um die Bindung zu halten.

Gunther Schmidt

- **Übersteigerte Zustimmung**, die aufgrund ihrer Ernsthaftigkeit absurd bzw. verrückt wirkt. Könnte sie über sich selbst lachen, wäre sie Protest: Ein junger Mann versuchte, es immer seinen Eltern recht zu machen. Auf Wunsch der Eltern ging er zum Militärdienst, obwohl er das nicht wollte und machte es auch dort allen mehr als recht, denn er fing an, um zwei Uhr morgens ohne Befehl, dafür aber sehr gewissenhaft, das Exerzieren zu üben. Ohne seine Abneigung dem Militärdienst gegenüber aussprechen zu müssen, wurde er suspendiert, kam allerdings dafür in die Psychiatrie.
- Psychose heißt, dass die **innere Welt mehr Bedeutung über einen gewinnt als die äußere Welt**. Ist jedoch die äußere Kommunikation spannender als die innere Kommunikation (mit Stimmen) kann auf letztere verzichtet werden.
- Der Versuch, um jeden Preis **Fehler** zu **vermeiden**.
- Der Versuch, **nicht zu kommunizieren, ohne zu kommunizieren, dass man nicht kommunizieren möchte**.
- Der Versuch, sich der Verantwortung für das eigene Handeln zu entledigen und **von Schuld freigesprochen zu werden**.
- Der Versuch, **illoyal zu handeln und gleichzeitig loyal zu sein** bzw. erlebt zu werden. Dem Unbewussten stellt sich dabei folgende Aufgabe: Wie könnte man es erreichen, wie müsste man sich zeigen, wie müsste man von anderen wahrgenommen werden, damit auf aggressives Verhalten nicht mit Sanktionen,

sondern mit Fürsorge, Mitgefühl und Verständnis reagiert wird?

- Der Versuch, **Beziehungsdefinitionen** zu **vermeiden**.
- Der Versuch, **etwas zu tun und gleichzeitig** zu versuchen, **dasselbe nicht zu tun**.

Nicht notwendige Erklärungen: Man braucht weder eine frühe Störung, noch traumatische Kindheitserfahrungen und auch keine genetische Veranlagung, um ver-rücktes Verhalten bzw. Erleben zu erklären.

Mens sana in corpore sane – oder: Verändern Sie Ihren Gehirnstoffwechsel: Die Biologische Psychiatrie ist davon überzeugt, dass psychische Probleme oder Symptome *ursächlich* auf eine krankhafte Störung des Gehirnstoffwechsels (Neurotransmitterübertragung, -produktion bzw. -empfang) beruhen. Lassen Sie sich davon nicht beunruhigen: Allen geistigen, emotionalen bzw. psychischen Phänomenen und jeder bewussten oder unbewussten Aktivität liegen neurophysiologische Prozesse zugrunde. Indem Sie etwas anderes tun, fühlen bzw. denken, verändern sie aktiv ihren Gehirnstoffwechsel. Sorgen Sie in dieser Hinsicht gut für sich, wirkt es sich auch vorteilhaft auf Ihren Gehirnstoffwechsel aus. Damit werden *Sie* zur Ursache Ihrer Gehirnbiologie.

Das Konzept der Verantwortungslosigkeit: Wer davon ausgeht, dass es sich bei seinen psychosozialen Problemen um von ihm nicht beeinflussbare Krankheiten handelt, beraubt sich selbst seiner direkten Einflussnahme auf sie und wird zu einem Opfer gehirnphysiologischer Vorgänge, für die er selbst nicht mehr zuständig ist und die er be-handeln lassen muss.

Vulnerabilitätskonzept und artifizielle Chronifizierung: Das psychiatrische Paradigma hinsichtlich so genannter psychischer Krankheiten einer ihnen zugrunde liegenden wie auch immer gearteten Stoffwechselkrankheit und die Applikation der Vulnerabilitätshypothese führt häufig erst zu den Vulnerabilitäten und artifiziellen Chronifizierungen, die von der Psychiatrie diagnostiziert und be-handelt werden.

Um sich verfolgt zu fühlen, benötigt man nicht immer eine Paranoia: Auch wenn du keine Paranoia hast, können sie dennoch hinter dir her sein.

Arnold Retzer

„Psychisches Immunsystem": Das Gefühl selbstverantwortlich für das eigene Verhalten und Erleben zu sein, stellt quasi eine Art psychisches Immunsystem dar.

Bei so genannten neurotischen Reaktionen (Ängsten, Zwängen, Depressionen etc.) mobilisiert dieses psychische Immunsystem Abwehrkräfte, um wieder Herr/Frau im eigenen Haus zu werden.

Bei psychotischen Reaktionen wird dagegen – wie bei einer Autoimmunreaktion – dieses Immunsystem selbst angegriffen, weil man sich weder für das psychotische Erleben noch für das psychotische Verhalten verantwortlich fühlt. Die Be-Handlung solcher Erlebens- und Verhaltensweisen als Krankheit schwächt das psychische Immunsystem zusätzlich, indem es dem Konzept der Verantwortungslosigkeit eine vermeintlich biologische Grundlage gibt.

Mögliche Hintergründe für eine isolierte Paranoia: Wenn man längere Zeit ohne soziale Kontakte war, kann sich hinter einer (isolierten) Paranoia ein Beziehungswunsch verbergen. Diese Paranoia löst sich sofort auf, wenn man positive Beziehungserfahrungen mit anderen machen kann.

Es kann aber auch sein, dass ein reales oder eingebildetes Schuldgefühl für eine Paranoia verantwortlich ist. Man hat dann das Gefühl, die anderen zeigten mit dem Finger auf einen und klagten einen an. Jeder könnte wissen, was man angestellt hat. Wenn sich in einem solchen Fall das Schuldgefühl durch eine andere Sichtweise oder eine angemessene Wiedergutmachungsleistung auflöst, verabschiedet sich die Paranoia.

Eine pragmatische Haltung für Eltern, deren Kinder sich psychotisch verhalten: Gehen Sie als Eltern davon aus, dass das gezeigte ver-rückte Verhalten ihres Kindes nichts mit Ihnen zu tun hat. Umgekehrt gilt: Wenn sich Ihr Sohn stark und selbstverantwortlich zeigt, dann sollten Sie sich fragen, was Ihr Beitrag in der Vergangenheit oder Gegenwart hierzu gewesen sein könnte.

Kompetente Defizite: Jedes Defizit ist – ob man will oder nicht – *auch* eine Kompetenz. Es macht einen großen Unterschied, ob man sagt: „Jemand hat die Fähigkeit, unklar zu kommunizieren" oder: „Jemand ist unfähig, klar zu kommunizieren".

Schulen und psychiatrische Kliniken sind Entstörungsanstalten: Psychiatrische Kliniken sollen keine Gestörten, sondern Störer entstören.

Arnold Retzer

Die innere Wirklichkeitskonstruktion kann für die Wahrnehmung der äußeren Welt bestimmender als die Objekte dieser Welt werden.

Hilfreiche innere Haltung bei psychotischen Verhaltens- und Erlebensweisen: „In mir sind die Eltern in Frieden."

Bert Hellinger

Ernst ist das Gegenteil von Verwirrung.

Bert Hellinger

Psychose als Dopaminstoffwechselstörung: Angenommen, man würde bei Menschen künstlich Halluzinationen anregen, z.B. durch Deprivation (Samadhi-Tanks) oder Schlafentzug und würde dann Neuroleptika verabreichen, würden ebenfalls wie bei Psychotikern diese Symptome abklingen bzw. unterdrückt werden. Das wäre ein Beleg, dass es keine spezifische Dopaminstoffwechselstörung bei Psychotikern gibt.

Antipsychotische Psychopharmaka als Dauermedikation wirken als Stabilisierung der Psychose und nicht im Sinne ihrer Auflösung. Sie heilen keine Psychose, sondern behindern oder blockieren not-wendige Veränderungs- und Entwicklungsprozesse, da sie die der Psychose zugrunde liegende intrapersonelle Konfliktdynamik perpetuieren. Sie unterdrücken einseitig die expansiven und nach Autonomie strebenden Bedürfnisse, die jahrelang von der Seite der Loyalität und der sozialen Anpassung unterdrückt wurden. Als chemische Mittel zur sozialen Kontrollen dagegen, die zeitlich befristet eingesetzt werden, können sie durchaus sinnvoll sein.

Antipsychotische Psychopharmaka und Psychose: Wenn man bisher „nicht-psychotisch" reagierenden Menschen sechs Monate lang eine für Psychotiker typische Dosis eines Neuroleptikums verabreichen würde, dann würde es mit großer Wahrscheinlichkeit nach einem abrupten Absetzen zu massiven Wahrnehmungsstörungen kommen, die von psychotischen Wahrnehmungen nicht zu unterscheiden wären.

Das Hauptmerkmal für psychotische Verhaltens- und Erlebensweisen besteht darin, dass sie von anderen und dem/der Betreffenden selbst als Zeichen gedeutet werden, für die eigenen Handlungen nicht mehr verantwortlich zu sein. Man wird damit für unzurechnungsfähig bzw. „psychisch krank" erklärt.

Den Wahn-Sinn kann man nicht dadurch entfernen, dass man den Psychotiker von seiner Familie entfernt.

Arnold Retzer

Jemanden vor der Psychiatrie retten: Wer glaubt, er könne einen Psychotiker vor der Psychiatrie retten, erhöht die Wahrscheinlichkeit eines Psychiatrieaufenthalts.

Der Verlust einer Psychose kann manchmal schlimmer sein als die Psychose selbst.

Unter die Kalotte greifen: Der/die Psychiater/in möchte gerne unter die Kalotte greifen; der/die Psychotiker/in befürchtet gerade das.

Arnold Retzer

Die Höhe der verabreichten Psychopharmaka ist ein Maß für die Ängstlichkeit des Psychiaters/der Psychiaterin.

Recht auf Risiko: Psychotisch sich verhaltende Menschen haben nicht nur ein Recht auf Sicherheit, sie haben auch ein Recht auf Risiko.

Klaus Dörner

Wer für sein Tun keine Verantwortung übernimmt: Wer nicht handelt, wird (bald) be-handelt.

Ablösung und Psychose: Eine starke Bindung zu den Eltern führt dann zu psychotischen Verhaltensweisen, wenn man glaubt, dass Trennung existentielles Scheitern der Eltern oder von einem selbst bedeuten würde.

Die Verführung des Wahn-Sinns besteht darin, nicht auf Verhalten, sondern auf Krankheit zu reagieren.

Realitätskontakt und Kommunikation: Eine Möglichkeit, um einen sich psychotisch/verrückt verhaltenden Menschen wieder in Kontakt mit der Realität zu bringen, besteht darin zu versuchen, ihn in (intentionale) Kommunikation zu zwingen.

Normal wird man, indem man so tut, als sei man normal: Eine Frau hält sich für Queen Elizabeth. Intervention: Sie sollte so tun, als sei sie das nicht. Nach einer Weile hat sie nicht mehr daran geglaubt, weil sie begriffen hat, dass es von Vorteil war, so zu tun, als sei sie nicht Queen Elizabeth.

Der Ausschluss des Schlechten: Was für „Psychotiker/innen" nicht gut ist, ist auch für „Nicht-Psychotiker/innen" nicht gut.

Psychose und Handlung: Erst wenn die Psychose zum Handeln auffordert, wird sie ein Problem.

Gunther Schmidt

Abwertung und Glorifizierung sind zwei Seiten der gleichen Medaille: Häufig werden sich psychotisch verhaltende Menschen entweder als psychisch krank abgestempelt oder als ganz besondere Menschen glorifiziert. Beides sind Beiträge zu ihrer Mystifizierung, Diskriminierung und Ex-Kommunikation.

Die Verweigerung eindeutiger Beziehungsdefinitionen: Zwei Schizophrene spielen „Mensch ärgere dich nicht", sagt der eine: „Schach". Darauf der andere: „Beim Halma gibt es kein Elfmeter."

Wahn-Sinn als verspätete Rebellion: In vielen Fällen kann verrücktes Verhaltens in der Adoleszenz als ein nachgeholtes rebellisches Verhalten der Pubertät begriffen werden, das nur deswegen als verrückt wahrgenommen wird, weil es sich verspätet hat. Damit werden Eltern wieder zuständig für ihre Kinder, weil es ihnen damit eher gelingt, auf Verhalten und nicht auf Krankheit zu reagieren.

Wahn-Sinn als menschliche Fähigkeit: Jeder Mensch verfügt über die Fähigkeit, sich ver-rückt bzw. wahn-sinnig zu verhalten bzw. zu erleben.

Körperliche Phänomene und Kommunikation: Körperliche Phänomene können – wie fälschlicherweise bei psychotischen Prozessen angenommen – keine Grundlage für Kommunikationsprozesse sein.

Arnold Retzer

Manisch-depressive Psychose. Definition: Wechselspiel zwischen dem Gefühl absoluter Schuldlosigkeit (Manie) und dem Gefühl absoluter Schuld (Depression).

Konfliktvermeidung ist langfristig etwas Gefährliches: Krisen und Konflikte gehören not-wendigerweise zur Entwicklung vom Jugendlichen zum Erwachsenen. Konflikte können in dieser Lebensphase nur durch verrücktes Verhalten vermieden werden. Schizophrenie kann im Extrem der Preis sein, den man für Harmonie bezahlen muss.

Psychotisches Verhalten hat keine Permanenz: Niemand hält es auf die Dauer durch, sich permanent „psychotisch" bzw. verrückt zu verhalten.

Ex-Kommunikation: Indem sich „Psychotiker/innen", wenn sie sich in Bezug auf Beziehungen positionieren bzw. definieren sollen, unverständlich ausdrücken und nicht intentional kommunizieren, schließen sie sich aus einer vernünftigen Kommunikation aus. Nach einer Weile werden sie auch von anderen nicht mehr ernst genommen und kommunikativ ausgeschlossen. Dieser kommunikative Ausschluss führt gleichzeitig zur Ausgrenzung aus der Gemeinschaft der Vernünftigen. Aus diesem Grunde kann man nach ARNOLD RETZER mit doppelter Berechtigung von Ex-Kommunikation sprechen.

Diese Ex-Kommunikation lässt sich dadurch aufheben, dass man unterstellt, dass „Psychotiker/innen" absichtsvoll kommunizieren können: „Sie haben sicherlich gute Gründe, sich mir gegenüber unverständlich auszudrücken, auch wenn ich diese Gründe im Moment noch nicht verstehe."

Arnold Retzer

Die Verführung psychotischer Symptome: Im Wesen „psychotischer Symptome" liegt es, andere zu verführen, sich so zu verhalten, dass sie aufrecht erhalten werden oder sich sogar noch verstärken. Wenn sich beispielsweise Ihr Sohn psychotisch, schwach, krank, auffällig zeigt, dann bedeutet das, er möchte Sie dazu verführen, ihn zu bemuttern, womit Sie ihn weiter schwächen würden. Will man dieser Verführung nicht unterliegen, sollte man auf das konkret gezeigte Verhalten und nicht auf dahinter vermutete „Krankheitskonstrukte" reagieren.

Wahn-Sinn und Ambivalenz: Solange ein psychotisch definierter Mensch sich ambivalent erlebt, schwebt er kaum in der Gefahr, „psychotisch" zu reagieren.

Sich psychotisch verhaltende Menschen haben ein Recht auf Unverständnis: Wenn man etwas nicht versteht, sollte man nicht so tun, als würde man es verstehen.

Auch für „psychotisches" Verhalten ist man verantwortlich: Das psychotische Verhalten macht keinen Sinn als Entschuldigung mehr, wenn man die Wahlfreiheit hat, psychotisch zu sein.

Gunther Schmidt

Nachvollziehbarkeit und schizophrenes Verhalten. Wenn man bei „Schizophrenen" folgende zwei Vorsätze macht, werden alle Äußerungen verständlich:

• Ich träume davon, dass ...
• Ich habe Angst, dass ...

Frank Farrelly

Psychopharmaka und das Konzept der Verantwortungslosigkeit: Wenn Psychiater als Mediziner Neuroleptika als Medikamente gegen eine Krankheit verschreiben, so stützen sie das fatale Konzept der Verantwortungslosigkeit der Betroffenen. Weitaus günstiger wäre es stattdessen, wenn Psychiater/innen als soziale Kontrolleure/Regler auftreten und Neuroleptika als Konsequenz und chemische Kontrollmittel bei störendem Verhalten deklarieren würden.

Die psychiatrische Wirklichkeitskonstruktion stabilisiert die „psychotische" und umgekehrt: Wer sich wie viele „Psychotiker/innen" für seine Handlungen und inneren Vorgänge (Gefühle, Erlebensweisen, Motivationen, Impulse und Bedürfnisse) nicht verantwortlich fühlt, der erlebt sich in Bezug auf sie wie ein hilfloses Opfer, das selbst überhaupt keinen Einfluss auf diese Handlungen und psychischen Prozesse nehmen kann.

Rückfall

Kein Rückfall ohne Vorfall sprich Fortschritt: Jeder Rückfall weist darauf, dass man schon sehr viel erreicht hat, sonst könnte man gar nicht von einem Rückfall sprechen.

Hilfreiche Fragen für den Fall eines „Rückfalls":

- Angenommen, der Rückfall wäre ein Wesen, wo würde es sich in Bezug auf Sie gerade im Moment befinden, während Sie diese Zeilen lesen?
- Was müssten Sie tun, damit Herr oder Frau „Rückfall" näher kommt?
- Was müssten Sie tun, damit er denkt, er könnte jetzt Urlaub machen und sich weiter entfernen?
- Was müssten Sie tun, damit das Rückfall-Wesen um 50 Zentimeter weiter auf Distanz geht?

Rückfallprophylaxe:

- Was müssten Sie tun, um einen Rückfall zu garantieren?
- In welche Situation müssten Sie sich begeben?
- Wie müssten Sie sich verhalten?
- Mit wem müssten Sie wie sprechen?
- Welche Kontakte müssten Sie meiden?
- An was müssten Sie denken?

Humorvoll Bedenkliches

Witzlosigkeit: Ohne Witz ist das meiste witzlos.

Supervisoren und Supervisionäre: Supervision ist gut – Super-Visionen sind besser.

Sich selbst bestätigende Wirklichkeitskonstruktionen: Otto (im Film „Otto") hält einen Bauarbeiter für einen der deutschen Sprache nicht mächtigen Ausländer und spricht ihn mit klaren und eindeutigen Drei-Wort-Sätzen an, wie „Du gehen da rüber." Der elaboriert deutsch sprechende Bauarbeiter hält Otto für einen Ausländer, was ebenfalls nicht stimmt und antwortet in gleicher Weise mit klaren und eindeutigen Drei-Wort-Sätzen. Aus diesem Beispiel folgt:

1. Es kommt nicht darauf an, was jemand sagt, sondern welche Bedeutung jemand dem gibt.
2. Problematisches Verhalten verführt zu problematischem Verhalten und zwar derart, dass es automatisch aufrecht erhalten wird.
3. Die Konstruktion einer bestimmten Wirklichkeit führt häufig zu ihrer Bestätigung.

In manchen Tagen ist der Wurm drin. Der frisst sich durch die Stunden, bis der Tag wie ein Löcherkäse aussieht. Dann ist der Wurm satt und der Tag ist im Eimer.

Nele Moost

Trotz: Diese Landschaft hat mich kaputtgemacht, deswegen bleibe ich solange da, bis man es ihr anmerkt.

Herbert Achternbusch

Gut gemeint ist nicht immer gleich gut: Ein Behinderter ohne Arme und Beine meldet sich beim Komitee der Paralympics an, um am Kraulschwimmen teilzunehmen. Das Komitee lehnt das Ansinnen zunächst ab und fragt, wie er das machen wolle? Der Behinderte: „Mit den Ohren." Schließlich nach langer Diskussion willigt das Komitee doch ein. Der Behinderte bittet schließlich darum, dass ihn jemand vom Startblock schubst. Schließlich ist Olympiade und der Behinderte wird vom Startblock gestoßen – und geht unter. Der Rettungsschwimmer wartet. 20 Sekunden vergehen, dann 30 Sekunden. Schließlich springt er zum Behinderten ins Wasser und holt ihn heraus. Der Rettungsschwimmer sagt: „Siehste, es ging doch nicht." Worauf der Behinderte erwidert: „Es wäre schon gegangen, aber der Mensch, der mich vom Startblock gestoßen hat, hat mir eine Badekappe aufgesetzt."

Frommer Wunsch: Man könnte religiös werden und beten: „Gott schmeiß Hirn vom Himmel. Oder Geld."

Widersprüche und Humor: Mit der Zeit, aber auch mit Humor, lösen sich Widersprüche (Paradoxien) auf.

Heilige Kühe und Humor: Mit Hilfe des Humors kann man auch heilige Kühe unsittlich berühren.

Arnold Retzer

Kein Problem mit Alkohol: „Ich habe kein Problem mit Alkohol." Therapeut: „Ja, vielleicht ohne?"

Gunther Schmidt

Sexualpathologisches: Besser als einen sitzen zu haben und nicht mehr stehen zu können, ist einen stehen zu haben und nicht mehr sitzen zu können.

Ingo Appelt

Heimliche Klugheit: Es ist besser heimlich klug zu sein als unheimlich blöd.

Gunther Schmidt

Sich bräunen ist gefährlich: Nach einem Urlaub auf Mallorca stellt Martin Buchholz fest: „Man kann auch außerhalb Deutschlands braun werden."

Martin Buchholz

Humor und Faschismus: Dort, wo man nicht mehr lachen darf, herrscht Faschismus.

Arnold Retzer

Hoffnung lohnt: Zwei Frösche strampeln in einem Glas mit Milch. Der eine sagt: „Es bringt nichts." Und geht unter. Der andere strampelt weiter und verwandelt die Milch in Butter. Schließlich springt er heraus.

Spirituelle Sexualität: Eine schöne sexuelle Erfahrung ohne Körper scheint nicht so gut zu funktionieren.

Gunther Schmidt

Liebe lässt sich kommunikativ nicht beweisen: Frau fragt: „Denkst du an mich? Liebst du mich? Wirklich wirklich?" Mann antwortet: „Ja, natürlich." Darauf die Frau: „Das sagst du jetzt nur, weil ich dich gefragt habe."

Gunther Schmidt

Wirkliche Steaks: Es gibt zwar nicht die Wirklichkeit, aber es ist immer noch der Ort, wo es die besten Steaks gibt.

Woody Allen

Schwarz auf weiß: Wenn man bestimmte Buchstaben in einer bestimmten Reihenfolge aneinanderfügt, entsteht vielleicht am Ende ein Buch.

Der Bauer und die Kuh: Kommt ein Bauer zu seinem Nachbarn am Weidezaun:

„Jetzt habe ich es gefunden. Jetzt habe ich es. Eine revolutionäre Erfindung."

„Was ist es denn?"

„Das kann ich dir jetzt noch nicht sagen."

Nach ein paar Wochen kommt der Bauer und trifft den anderen wieder, der aber macht ein Gesicht wie sieben Tage Regenwetter. -

„Ja weißt' was, ich habe mir ein pädagogisches Programm überlegt, wie ich meine Kühe dazu bringe, dass sie Milch geben, ohne etwas zu fressen. Und weißt', jetzt hatte ich eine besondere Kuh, sehr differenziert und belehrbar und ich hatte sie fast soweit bekommen, dass sie Milch gibt, ohne zu fressen. Und weißt' was, jetzt ist sie mir gestorben".

N.N.

Auf den Kontext kommt es an: General Custer soll nach der verlorenen Schlacht am Little Horn gegen die Indianer gesagt haben: „Wir hätten gewonnen, wären die Indianer einzeln gekommen."

Prinzipien sollten möglichst so hoch gehalten werden, dass man bequem unten durch laufen kann.

Arnold Retzer

Besser ein Verriss als überhaupt keine Werbung.

Typisches Beziehungsmuster: Frau: „Manchmal denke ich, ich bin Luft für dich." Mann: „Hast du etwas gesagt, Schatz?"

Morgen ist auch morgen morgen: Vor einem Wirtshaus hängt ein Schild, auf dem steht: „Morgen Freibier!" Am nächsten Tag kommt ein Gast und fragt nach dem Freibier. „Welches Freibier?" Der Gast sagt: „Na gestern stand hier ein Schild, auf dem stand: „Morgen Freibier". Der Wirt sagt: „Genau - morgen. Bei uns stand noch nie ein Schild auf dem geschrieben war: „Heute gibt es Freibier".

N.N.

Bisher hat alles g'stimmt: Kind wird geboren und äußert nichts, auch mit zwei, drei, vier Jahren sagt es noch nichts. Zuerst sehen das die Eltern noch positiv und denken, es sei halt zurückhaltend. Als ihr Kind aber auch noch nach Jahren sich nicht mitteilt, beschreiben sie es eher defizitorientiert als mutistischen Autisten. Dann irgendwann, der Junge ist bereits 12 Jahre alt, schmeißt er beim Essen den Löffel weg und sagt: „Die Suppe ist total versalzen." Eltern sagen: „Ah, du kannst ja sprechen, wie kommt das denn?" Worauf der Junge antwortet: „Bisher hat alles g'stimmt."

Gunther Schmidt

Arbeit, Zeit und Geld: Wer immer nur arbeitet, hat keine Zeit, Geld zu verdienen.

Bodo Schäfer

Ejaculatio retardo: „Man(n) ist pünktlich da und kommt dennoch zu spät."

Arnold Retzer

Nicht alles, was hinkt, ist schon ein Vergleich: Manchmal hinkt ein Vergleich nicht nur, wie man so sagt, manchmal sitzt er bereits im Rollstuhl.

Fritz Tietz

Respektlosigkeit: Was interessiert mich mein Geschwätz von gestern?

Konrad Adenauer

Das unmögliche Gedicht

Ich suchte und suchte ein Gedicht
von Schatten und Licht;
erzählen sollte es von Zweifel und Freiheit,
Liebe, Trauer und (Un-)Möglichkeit.

Doch was ich fand,
war wie Sand,
der in der Hand
verschwand.

Ich suchte und suchte ein Gedicht,
es sollte sein wie die Wind',
die unbestimmbar sind.
Von Ängsten sollte es berichten,
die Menschenband oft vernichten.

Doch was ich fand,
war wie Sand,
der in der Hand
verschwand.

Ich suchte und suchte ein Gedicht,
beschreiben sollte es Geburt und Tod,
und das, was dazwischen droht.
Doch das Gedicht
das gab es nicht.

Statt dessen fand ich Sand,
der in der Hand
verschwand.

Ich suchte und suchte ein Gedicht,
so verschlungen wie das Leben,
das brandet wie ein Beben,
mal her, mal hin, mal Ebbe und Flut
und manchmal Lava und Glut.

Doch was ich fand,
war wie Sand,
der in der Hand
verschwand.

Ich suchte und suchte ein Gedicht,
es sollte erzählen nicht;
so und so, ja oder nein, schwarz oder weiß,
sondern kalt und heiß.

Doch ich weiß,
das Gedicht,
das gibt es nicht.

Ich suchte und suchte ein Gedicht
von Weite und Nähe und dem was dazwischen,
denn in den Nischen,
da findest du die Liebe,
die – bekanntlich – stehlen können keine Diebe.

Index

A

abgetriebene Kinder..............58
Abhängigkeit 16, 19, 22, 51, 121, 148
Ablösung 62, 63, 181
Ablösungsproblematik..........63
Abschiede 65
Abstinenz............................150
Abtreibung...........................41
Abwertung..109, 113, 148, 182
Adoptiveltern.......................56
Affekte.................95, 108, 111
Aggression..............67, 97, 162
Alkohol..... ..85, 140, 145, 146, 149, 150, 151, 152, 187
Allparteilichkeit.................116
Alpträume..........................143
Ambivalenz.....22, 29, 80, 101, 115, 142, 150, 158, 184
Angst.... .....12, 27, 28, 44, 102, 136, 140, 144, 163, 164, 178, 184, 191
Anmaßung..54, 58, 61, 73, 123
Anpassung..................106, 180
Ansprüche.............19, 128, 170
Arbeit.............71, 73, 135, 190
Arroganz...............................95
Askese.. ....39, 175
Auftrag...................23, 78, 154
Ausgleich.....11, 16, 18, 19, 42, 47, 50, 58, 123, 171
Ausgrenzung.......................183
Außenperspektive.........43, 173
Ausstrahlung...................20, 23

Auswirkungen ...49, 70, 81, 99, 106, 129, 138, 139, 141, 144, 150
Autoimmunreaktion 178
Autonomie...22, 24, 46, 62, 73, 113, 161, 174, 175, 180
Autopoiese...............25, 26, 33

B

Bedeutsamkeit 19, 108, 154
Bedeutung....20, 58, 74, 88, 96, 107, 111, 112, 113, 115, 118, 119, 135, 152, 155, 176, 186
Bedeutungsgebung 87
Bedeutungslosigkeit 88, 154
Bedürfnislosigkeit 18
Behinderte Kinder 53
Beobachter/in 100, 105, 114
Beobachtung..............105, 114
Beratung 60, 74, 114
Bescheidenheit 34, 88
Bewusstes 128
Beziehung....16, 17, 18, 34, 39, 40, 41, 43, 44, 45, 47, 48, 49, 50, 52, 53, 54, 56, 58, 59, 66, 67, 69, 83, 113, 122, 151, 160, 166, 171, 173
Beziehungsaspekt.89, 111, 112
Beziehungsdefinition............17
Beziehungsgestaltung....43, 48, 72, 81, 136, 138, 145, 151, 155, 173, 174
Beziehungsgrenze................21
Beziehungsklärung.........17, 40
Beziehungskonkurs 44

Beziehungsmuster 189
Beziehungspause 51
Bindung . 18, 22, 23, 44, 48, 49,
    62, 64, 66, 120, 123, 125,
    151, 176, 181
Borderline ... 145, 173, 174, 175
Böses... .... 94, 104, 131
Botschaft.... 107, 111, 112, 113,
    127
Bulimie 175
Burn out 78

C

Chronifizierung. 31, 73, 95, 177
Compliance 75, 76, 78

D

Deeskalation 80
Depression ... 81, 144, 153, 154,
    155, 178, 182
Diagnose 109, 146
Diskurs 44, 109
Dissens 111
Dissoziation 74, 145
Distanz 47, 144, 149, 173,
    174, 175, 185
Druck.. .... 26, 29, 73, 135
Du-Botschaften 80, 109, 110

E

Ehrgeiz 36, 37, 39
Eifersucht............................. 51
Eigensuggestionen 103
Einfühlung 85, 86, 87

Ejaculatio retardo 190
Eltern...... 17, 53, 54, 55, 56, 57,
    58, 59, 62, 63, 64, 65, 90,
    95, 110, 117, 160, 172, 176,
    179, 181, 182, 190
Elternliebe 53, 54, 59
Empathie........... 85, 86, 87, 174
Empfänger 111, 113
Entrüstung 130
Entscheidungsschwierigkeiten..
    55
Entwertung 113
Entwicklung 9, 64, 80, 118,
    157, 158, 183
Erinnern........68, 118, 127, 133,
    142, 144, 145, 170, 172, 173
Erkenntnis...... 9, 90, 94, 97, 99,
    104, 114, 155
Erkenntnistheorie 89
Erklärungen 98, 104, 177
Erleben.... .... 24, 26, 46, 66, 93,
    99, 141, 177, 178
Ernst.. .... 130, 158, 179, 183
Erwachsenseins 62
Erwartungsenttäuschung 109
Erzählungen....................... 111
Es............. 9, 11, 12, 17, 21, 30,
    31, 32, 33, 35, 38, 39, 40,
    43, 44, 48, 50, 54, 57, 58,
    59, 62, 63, 64, 65, 69, 71,
    73, 77, 78, 79, 82, 83, 86,
    87, 90, 91, 93, 106, 109,
    110, 111, 122, 128, 129,
    131, 134, 136, 139, 141,
    142, 143, 144, 145, 147,
    157, 158, 159, 162, 165,
    167, 169, 170, 172, 178,
    179, 186, 187, 188
Ethik..... 130
Ex-Kommunikation 86, 158,
    159, 182, 183
Extremsportler.................... 97

F

Familie 10, 56, 58, 60, 61, 63, 68, 120, 126, 158, 169, 180
Faschismus 126, 127, 188
Fehler.. .... 17, 31, 32, 99, 176
Fehlerlosigkeit 32
Fehlgeburten 58
Frauenrolle 36
Freiheit 17, 22, 29, 39, 94, 112, 120, 123, 124, 129, 163, 191
Freizeit 117
Fremdgehen 49
Freundschaft 14
Führer.... .... 119, 126, 127

G

Geben.. ... 15, 19, 42, 46, 49, 52
Gedächtnis 154
Gedankenlesen 43
Gegenseitigkeit 45
Gegenteil . 9, 64, 90, 91, 93, 94, 96, 115, 125, 129, 135, 138, 144, 179
Gegenwart 33, 98, 118, 119, 145, 179
Geheimnis 20, 21, 42, 48
Gehirnstoffwechsel 177
Geistige Brandstiftung 129
Geld.... .... 44, 85, 187, 190
Gemeinsamkeit 22, 48
Genüsse 55
Gerechtigkeit 21, 60
Gerüchte 15, 112
Geschenke 14
Geschlechtsverkehr.............. 37
Geschwister 58, 61

Geschwistertreue 60
Gesundheit.... 78, 143, 165, 168
Gesundungstäter 169
Gewalt.124, 129, 158, 161, 162
Gewaltmonopol 158
Gewalttätigkeit 161, 162
Gewissen.. ..... 38, 66, 119, 120, 121, 122, 123, 124, 125, 129, 144, 161
Gewissheit 90, 110, 156, 166
Gewöhnliches 11, 96
Glaubenssätze 99
Gleichgültigkeit 129
Gluck... .... 92, 93, 117, 160
Grenzen .. 29, 71, 126, 130, 167
Gutes.... 19, 34, 91, 93, 94, 123, 125, 130, 175

H

Halbwertzeit 146
Haltung... ..... 27, 28, 29, 36, 90, 109, 179
Handlung 101, 111, 178, 182
Handlungsfähigkeit 77, 100, 102
Harmonie 81, 145, 174, 183
Hass..... .... 77, 129
Hausordnung 72, 74
Helfen.. .... 75, 77, 78
Hierarchie ... 17, 69, 70, 71, 126
Hoffnung ... 49, 50, 75, 77, 153, 188
Humor....................... 187, 188
Hypnose............................. 26

I

Ich.......... 13, 17, 20, 22, 26, 28,
  29, 32, 34, 35, 43, 55, 57,
  77, 80, 88, 90, 91, 93, 98,
  99, 102, 108, 109, 110, 134,
  143, 144, 145, 149, 150,
  155, 157, 168, 173, 174,
  175, 184, 187, 191, 192
Ich-Verlust.......................... 173
Identität...... 20, 22, 86, 91, 100,
  119, 173, 174
Immunsystem 154, 178
Individualität 22, 88
Information..... 11, 95, 102, 110
Inhaltsaspekt...................... 111
Inkompetenz........... 11, 69, 142
Innerlichkeit......................... 32
instruktive Kommunikation 114
Intervention ... 43, 74, 108, 169,
  181
Intoleranz...................... 85, 128
Inzest.... 55
Isomorphie.......................... 14

J

Jugend.......................... 54, 158

K

Kampf... 33, 110, 163, 170, 174
Kategorien 128, 161
Kinder 39, 53, 54, 55, 56, 57,
  58, 59, 63, 65, 98, 110, 117,
  159, 179, 182
Kinderwunsch....................... 57
Kindheit........ 57, 121, 158, 172
Klagen... .... 15, 70
Koane... 88
Kommunikation....... 11, 69, 83,
  97, 107, 108, 110, 111, 112,
  114, 115, 145, 158, 176,
  181, 182, 183
Kommunikationskiller........ 109
Kompetenzen..... 134, 135, 142,
  150
Komplexitätserhöhung 100
Komplexitätsreduzierung 20,
  90, 94, 95, 96, 100
Komplimente....................... 46
Konflikt . 29, 53, 63, 71, 79, 80,
  81, 82, 83, 84, 85, 106, 112,
  134, 139, 142, 145, 166,
  167, 173, 174, 183
Konfliktdeeskalation 80, 81
Konflikteskalation 112
Konfliktfreiheit.................... 83
Konfliktlösungen................. 82
Konfliktvermeidung ...... .82, 83,
  183
Konsens 82, 83, 111, 133
Konstruktivismus 89
Kontext .. 9, 70, 76, 77, 86, 101,
  108, 189
Kontrolle, soziale . 75, 126, 184
Konzentrationsprobleme 153
Kooperation............. 33, 79, 82
Körper 74, 81, 133, 157,
  165, 166, 168, 169, 188
Körpergefühl 12, 167
Körperhaltung.. 27, 29, 34, 133,
  137
Krankheit..... 38, 103, 138, 161,
  165, 166, 167, 169, 178,
  181, 182, 184
Krankheiten .. 76, 140, 169, 177
Krankheitstäter 169
Kränkung........................... 86
Krise.... 157

Krisen.. ...45, 73, 133, 157, 183
Kritik.... ....113, 114

L

Liebe......13, 19, 40, 45, 46, 47,
    49, 51, 53, 58, 60, 65, 66,
    68, 129, 156, 170, 188, 191,
    192
Liebesbeziehung............39, 41,
    42, 43, 44, 45, 47
Liebesgeschichte 17, 66
Loslassen 98
Loslösung 140
Lösung........11, 44, 45, 47, 55,
    60, 61, 66, 72, 76, 81, 82,
    100, 122, 133, 134, 135,
    136, 137, 138, 139, 140,
    141, 142, 143, 144, 170, 175
Lösung zweiter Ordnung ...139,
    141, 142, 143
Lösungen 76, 134, 139
Lösungsgrundsätze 144
Lösungsphysiologie............133
Lösungsverlust....................140
Lösungsversuche 137
Loyalität...22, 24, 57, 125, 169,
    180
Lust......... ......35, 69, 97, 99, 121

M

Macht.......9, 14, 18, 32, 42, 46,
    48, 113, 122, 126
Magie........................127, 155
Manie........................145, 182
Manipulation 46
Meister......................72, 138
Metakommunikation 41, 61, 81

Metaphern..................151, 167
Missbrauch 56
Misserfolg............................97
Misstrauen 13, 17, 54, 57
Missverständnisse.........17, 112
Mitleid.. ....13, 86
Moral... 47
Mord......65, 80, 123, 131, 145,
    160
Multivalenz..........................29
Muster...30, 113, 133, 136, 168
Mut...... ....92, 101
Mystifizierung 182

N

Nähe..... ...46, 47, 82, 123, 173,
    174, 175, 192
Namensgebung.....90, 113, 155
Nationalsozialismus 89, 123,
    125
Naturzwang 130
Nehmen... .....15, 19, 27, 28, 49,
    52, 133
Neid..... ....15, 17
Neutralität............................77
Nichtverstehen........11, 14, 107
Normalität....................93, 100
Normen..............121, 124, 129

O

Oberfläche 98
Objektivität........................101
Ökologie 130, 131
Ökosystem.........................126
Opfer........14, 15, 56, 129, 177,
    184
Ordnung........33, 123, 142, 147

Organisationsberatung 73
Organisationsentwicklung 81
Organisationskultur 69
Organismus 24, 26, 35, 149,
    168, 169, 170, 171

P

Paarbeziehung ... 44, 45, 48, 49,
    50, 66
Paarbindung 55
Paarliebe 53, 59
Paartherapie 48, 110
Panik 140, 144, 163, 173
Paradoxie 51
Paradoxien 88, 187
Paranoia 178
Partnerschaft 43, 44, 49
Persönlichkeit 18, 32, 50, 63
Perversion 39
Praxis 94, 98, 99, 102
Prinzipien 9, 123, 130, 165, 189
Privates 71
Problem 11, 39, 40, 47, 61,
    63, 71, 73, 76, 133, 134,
    135, 136, 137, 138, 139,
    140, 141, 144, 146, 147,
    161, 174, 175, 177, 182, 187
Problemaufrechterhaltung . 133,
    136, 137, 141
Problemhypnose 136
Problemlösung 44, 137
Problemlösungskompetenz. 135
Provokation 115
Prüfungsangst 143
Pseudodemokratie 70
Psyche 26, 146, 165, 166,
    169, 170
Psychiatrie . 159, 169, 176, 177,
    178, 180

Psychopharmaka. 180, 181, 184
Psychophysiologie 110
Psychose .. 46, 54, 56, 161, 176,
    178, 179, 180, 181, 182,
    183, 184
Psychosomatik ... 165, 167, 168,
    169, 170
Pubertät 63, 182

Q

Qualitätsmanagement 73

R

Rache 15, 16, 75
Rangfolge 41, 59
Rausch.. 150
Rechtfertigung 13, 113
Rechtssystem 16
Regel ... 15, 17, 19, 29, 30, 39,
    44, 52, 53, 54, 57, 58, 63,
    66, 70, 71, 72, 81, 89, 97,
    114, 119, 120, 121, 122,
    124, 125, 129, 130, 134,
    135, 138, 144, 153, 159,
    162, 166, 167
Regelverletzungen 107
Rekonvaleszenz 140
Rekursivität 16
Respekt 15, 85
Respektlosigkeit 91, 96, 190
Restriktion 137
Risiko 12, 30, 67, 107, 175,
    181
Ritual 69, 149
Rückfall 168, 185
Rückfallprophylaxe 185
Ruhm 31, 37

S

Scham... 12
Scheidung 65
Schicksal 21, 103
Schizophrenie 86, 145, 183
Schlaflosigkeit 143
Schönheit 20, 25
Schuld.... 13, 21, 22, 49, 50, 52,
    58, 64, 65, 87, 120, 122,
    123, 125, 127, 131, 159,
    165, 176, 182
Schuldgefühle 13, 56, 59, 64,
    159
Schuldlosigkeit 12, 119, 123,
    124, 126, 127, 182
Schüler. 17, 72
Schweigen 44
Schwiegereltern 57
Sehnsucht 23, 68, 119, 127,
    157, 169
Sehnsüchte ... 71, 136, 148, 149,
    169
Seitensprünge 42
Selbstanklagen 32
Selbstbeschreibung 33
Selbstbestimmung 30
Selbstbewusstsein 23, 32
Selbsterzeugung 25, 33
Selbstheilungsprozesse 165,
    166
Selbsthilfe 74
Selbstkonstruktion 33, 91
Selbstkontrolle 162
Selbstmanagement 27, 75
Selbstmorddrohung 42, 80, 160
Selbstverantwortlichkeit 128
Selbstverantwortung 76
Sender. 113
Sex...... .... 38, 39, 40, 44

Sexualität 38, 39, 40, 44, 97,
    188
Sexuelle Beziehungen 62
Sexuelle Phantasien 39
Sexuelle Probleme 39, 40
Sich selbst erfüllende
    Prophezeiungen 72
Sicherheit... 26, 27, 70, 91, 162,
    166, 172, 181
Spielen. 31
Sprache .. 9, 101, 107, 108, 127,
    186
Staatengemeinschaft 125
Stiefeltern 59
Stolz 88, 94, 103
Störung 177
Sucht 148, 150, 151
Suchtrituale 149
Suchtverhalten 150, 151, 152
Sühne 14, 16
Suizid 152, 156, 157, 158,
    159
Suizidabsichten... 145, 156, 159
Suiziddrohungen 151, 160
Suizidgedanken 157, 158
Suizidversuch 158
Supervision 186
Symbol 28, 144, 171
Symptom.. ... 13, 27, 29, 30, 51,
    94, 103, 114, 134, 135, 136,
    138, 139, 140, 141, 142,
    144, 155, 163, 166, 167,
    168, 169, 170, 177, 179, 183
System ...13, 16, 19, 23, 24, 25,
    26, 30, 42, 46, 58, 60, 76,
    83, 105, 106, 114, 115, 119,
    120, 121, 122, 123, 124,
    126, 128, 130, 135, 138
Systemik 127

T

Täter/in 15, 19
Teamarbeit 70
Teamzusammengehörigkeit.. 70
Theorie 94, 98, 99, 102
Tiefe 46, 98
Tod 19, 46, 54, 55, 60, 65,
68, 80, 91, 95, 97, 102, 156,
157, 158, 191
Todeswünsche 54, 55
Toleranz 128
Totgeborene Kinder 58
Trauer.. ..... 58, 68, 95, 130, 191
Trauma 172
Trennung . 65, 66, 67, 120, 122,
181
Trennungsprozesse 66
Treue 57, 123
Trivialisierungsanstalten 98
Trivialität 103
Trotz.... .... 49, 63, 186

U

Überzeugen 17, 160
Umwelt 25, 26, 48, 89, 106,
165, 169
Unabhängigkeit.. ..... 19, 22, 25,
174
Unbewusstes 128
unerwünschtes Kind 54
Unglück 93, 117
Unschuld 22, 122, 123, 125
Unsicherheit 162
Unterlassene Hilfeleistung.... 77
Unterschiede.... 43, 47, 85, 101,
102
Untreue 52
Unverständnis 184

Ursache 95, 142, 177

V

Verachtung 78
Veränderung...... 17, 26, 47, 60,
80, 82, 101, 104, 114, 118,
126, 138, 140, 143, 149,
167, 173
Verantwortlichkeit...... ..34, 110,
129
Verantwortung... 10, 13, 38, 78,
86, 119, 120, 128, 129, 130,
145, 176, 181
Verantwortungsethik 130
Verantwortungslosigkeit ... 127,
177, 178, 184
Verblödung 107
Verbrechen ... 67, 123, 125, 127
Vergangenes 78, 82, 117
Vergangenheit... ...... 33, 97, 98,
100, 117, 118, 119, 179
Vergessen. 39, 64, 142, 159,
168
Verhandeln 79
Verletzungen 46, 49, 52, 95,
164
Verliebtheit 46
ver-rückt 177, 179, 182
Verstorbene 68, 156, 170
Vertrauen 13, 20, 54, 124
Verzeihen 42, 50, 54
Vorurteil 22, 103
Vorurteilsfreiheit 103
Vorwurf 43, 53, 109, 110
Vulnerabilitätskonzept 177

W

Wahlfreiheit.. 96, 103, 141, 184
Wahn-Sinn.. 176, 181, 182, 184
Wahrheit 9, 56, 91, 99, 100, 114, 119, 127, 128, 130, 165
Weisheit 54, 101, 106
Wertschätzung........ 46, 64, 113, 134
Widerstand.......... 45, 73, 74, 91
Wiedergutmachung. 14, 16, 131, 171
Wirklichkeit..... 25, 95, 99, 101, 103, 156, 186, 188
Wirklichkeitserzeugung........ 26
Wirklichkeitskonstruktion ... 14, 25, 95, 135, 166, 179, 184
Wirkung.................... 9, 68, 112
Wissen... ...... 94, 102, 104, 138, 142, 170
Wissenschaftlichkeitsanspruch. 99
Wissenschaftlichkeitsmythos.... 103

Wissensvermittlung............. 90
Witzlosigkeit 186
Würde... .... 30, 45, 127

Z

Zeichens 108, 111
Zeit...... 23, 29, 46, 47, 68, 70, 80, 91, 97, 105, 117, 118, 125, 127, 140, 141, 143, 144, 145, 146, 157, 178, 187, 190
Ziele.... 28, 30, 43, 76, 96, 97, 135, 141, 159
Zugehörigkeit .. 23, 65, 68, 122, 123, 124, 125, 130, 160
Zukunft.. 33, 98, 100, 117, 118, 119, 137, 149
Zusammenarbeit 69
Zwang.......... 14, 136, 144, 163, 178
Zweifel........................ 99, 191

Klaus Mücke

Die psychotische Krise

Ein systemisches und entwicklungs-
psycho-logisches Erklärungsmodell

Ursachen, Verlauf und psychotherapeutische Interventionen

Dieses Buch eröffnet vollkommen **neue** und unerwartete **Perspektiven auf psychotische Verhaltens- und Erlebensweisen**. Es bietet den entwicklungs-psycho-logischen „Schlüssel", um **psychotische Phänomene** bzw. Symptome **in ihrer eigenen Logik nachvollziehen und verstehen** zu können. Bisher als **selbstverständlich angenommene Hypothesen und Zusammenhangsannahmen** über die Entstehung psychotischer Verhaltens- und Erlebensweisen **werden radikal hinterfragt**.

Zudem werden **systemisch-psychotherapeutische Interventionen**, die sich in der Praxis bereits vielfach bewährt haben, aus diesem Erklärungsansatz logisch abgeleitet und hinsichtlich ihrer intendierten Auswirkungen dargestellt.

15 Abbildungen, 4 Tabellen und eine **Vielzahl von Fallbeispielen** veranschaulichen die dargestellten Themenbereiche.

ISBN 3-9806094-2-1, 206 S., (15 x 21) cm
14,80 EUR; 15,30 A-EUR; 28,50 SFr (Stand: August 2002)

„Ihr Buch ist für mich spannender als ein Krimi."

Antje Preuss (gesetzliche Betreuerin)

„Ihr Buch hat mir aus dem Herzen gesprochen, es hat mich im Kern berührt. Sie haben auf beeindruckende und faszinierende Art Einsichten formuliert, die für die Welt der Psychiatrie und der Psychotherapie ein Geschenk darstellen."

Dr. med. Gerhard Köble

„Sie entwickeln aus den bekannten systemischen Forschungsergebnissen ein konsistentes und viables Modell psychotischen Verhaltens, indem Sie das Unbewusste und den Mechanismus der Dissoziation als Konstrukte einführen und damit vieles erklären können, was bisher eher eine Domäne der biologischen Psychiatrie war."

Dr. med. Gerhard Ruf